für Frank

Weihn. 2003

Mit der Endurance
in die Antarktis

Mit der Endurance in die Antarktis

Shackletons Südpol-Expedition 1914-1917

Die legendären Fotos von Frank Hurley

DUMONT

Genehmigung zum Abdruck der Fotografien:
Reproduktionen der Standfotografien von Frank Hurley in Lizenz für die Royal Geographical Society, London, seit 1929 Kurator der original Glasplatten-Negative. Alle Rechte vorbehalten.
Fotografien aus dem *Green Album:* © Scott Polar Research Institute, University of Cambridge. Alle Rechte vorbehalten.
Reproduktionen der Paget-Farbplatten von Frank Hurley mit Genehmigung der Image Library, State Library of New South Wales. Alle Rechte vorbehalten.

Im Kapitel »Katalog« (Seite 244 bis 317) ist jede Fotografie mit einem Nachweis versehen.

Autoren und Berater:
Paul Costigan, Michael Gray, Shane Murphy, Gael Newton und Joanna Wright.

Besonderer Dank gilt:
Joanna Wright, Kuratorin für Fotografie, Royal Geographical Society Picture Library, für ihre Mitarbeit bei der Bildauswahl sowie ihrer Idee einer »vollständigen Sammlung« von Hurleys Fotografien, wodurch die Realisation dieses Buches erst möglich wurde.
Shane Murphy, dessen enzyklopädisches Wissen über Frank Hurleys Arbeit in der Antarktis von unschätzbaren Wert bei der Vorbereitung dieses Buches war.
Lucy Martin, Picture Library Manager, Scott Polar Research Institute, und
Ian Bolton, Anatomy Department, University of Cambridge, für ihre Hilfe beim Scannen der Fotografien aus dem *Green Album*.
Toni Mooy und The State Library of New South Wales, die den Zugang und die Wiedergabe von Zitaten aus Hurleys Tagebüchern ermöglichten und erlaubten.

Die Deutsche Bibliothek – CIP-Zentrale
Mit der Endurance in die Antarktis : Shackletons Südpol-Expedition 1914–1917 ; die legendären Fotos von Frank Hurley / [aus dem Engl. von Gertraude Wilhelm. Red. der dt.-sprachigen Ausg.: Angelika Franz]. – Köln : DuMont, 2001
   ISBN 3-7701-5870-9

Titel der englischen Originalausgabe: South with Endurance. Shackleton's Antarctic Expedition 1914–1917. The Photographs of Frank Hurley

© 2001 by Book Creation Services Ltd
Published by arrangement with Book Creation Services, Ltd., London, and Book Creation LLC, New York
© 2001 für die deutschsprachige Ausgabe: DuMont Buchverlag, Köln
Alle deutschsprachigen Rechte vorbehalten
Aus dem Englischen von Gertraude Wilhelm, München
Redaktion und Herstellung der deutschsprachigen Ausgabe:
Angelika Franz, München

Printed in China   ISBN 3-7701-5870-9

INHALT

Einleitung *Joanna Wright*	6
Die Endurance-Expedition *Shane Murphy*	9
Das perfekte Bild: James Francis Hurley *Gael Newton*	33
Portfolio	65
Pionier der Polarfotografie *Michael Gray und Gael Newton*	231
Frank Hurleys Kameras, Ausrüstung und Material *Michael Gray*	240
Katalog	243
Frank Hurleys Biografie	318
Danksagung und Bibliografie	319
Bildnachweis	320

EINLEITUNG

Frank Hurleys aussergewöhnliche Fotografien von Sir Ernest Shackletons Imperial Trans-Antarctic Expedition (1914–1917) sind weltweit bekannt. Sie vermittelten den Lesern dieser dramatischen Geschichte ein Bild von den schrecklichen Ereignissen, mit denen die *Endurance* zu kämpfen hatte: Wie sie monatelang im Eis festgefroren war, schließlich zerbrach und die Besatzung auf Eisschollen im Weddellmeer mit der einzigen Hoffnung zurückließ, in kleinen Booten die Fahrt nach Elephant Island zu überleben. Diese Geschichte ist so abenteuerlich, dass sie ohne Frank Hurleys Fotografien sogar als unglaublich erscheinen würde. Doch selbst wenn man die Bilder betrachtet, wundert man sich darüber, dass dieses Abenteuer tatsächlich stattgefunden und die Mannschaft trotz aller Schwierigkeiten überlebt hat – wie auch die Fotografien von Frank Hurley.

Heute wird das Material in drei Institutionen aufbewahrt. Die Picture Library der Royal Geographical Society in London besitzt die geretteten original Glas- und Filmnegative, die Hurley auf der Expedition angefertigt hat. Das Scott Polar Research Institute in Cambridge bewahrt das *Green Album* auf, eine Sammlung von Abzügen, die Hurley auf der *Endurance* angelegt hat. In der State Library of New South Wales in Sydney befinden sich Hurleys Paget-Farbplatten.

Hurley war Berufsfotograf. Sein Bestreben, die Stationen der Expedition zu dokumentieren, ist bewundernswert. Er war bis zuletzt, als Shackletons Mannschaft auf Elephant Island gerettet wurde, bereit, dieses Abenteuer mit der Kamera festzuhalten – mit nur drei übrig gebliebenen Filmen. Immer wieder hatten die Mannschaftsmitglieder Hurleys Hingabe an seine Arbeit betont, die selbst so weit ging, dass er lieber Aufnahmen machte, als Fußball zu spielen! Aber gerade diese bedingungslose Hingabe an die Fotografie und seine Kenntnisse dieser Kunst haben uns ein so wundervolles Erbe hinterlassen. Obwohl es aufgrund der abenteuerlichen Geschichte der *Endurance*-Expedition einfach ist, in deren Glanz betrachtet zu werden, erhalten die Bilder nicht allein durch die Geschichte Bedeutung. Die Fotografien in diesem Buch resultieren aus der Arbeit eines hervorragenden Fotografen – sie halten nicht nur ein Geschehen fest, sondern stellen sorgfältig konstruierte Kunstwerke dar.

Vor der Abfahrt in die Antarktis stellte Hurley seine Ausrüstung zusammen, von den großformatigen Plattenkameras bis hin zum Magnesiumpulver für nächtliche Blitzaufnahmen. Er richtete auf der *Endurance* eine Dunkelkammer ein, in der er – wenn er nicht gerade fotografierte – seine Filme entwickelte und Abzüge von den Negativen machte. Hurley war ein Künstler, der sein Handwerk beherrschte und dadurch bemerkenswerte, unvergängliche Fotografien schuf, und zwar unter extremsten Bedingungen. Hurleys Enthusiasmus, perfekte Bilder zu machen, scheint ihn mehrmals in Gefahr gebracht zu haben. In seinem Buch *Argonauts of the South* schrieb er: »Bei meinem Bestreben, all die Anstrengung sowie das Schiff, wie es dem Eis widerstand, zu doku-

Hurley machte von ungewöhnlichen und gefährlichen Standorten aus Fotografien – etwa während der Fahrt von der äußersten Kante einer Rah oder der Spitze des Bugspriets, dabei schleppte er stets bis zu 100 Pfund sperrige Ausrüstung.

mentieren, wäre ich fast zermalmt worden und entging nur knapp dem Tod. Ich stand auf einer Eisscholle direkt vor dem Schiff, meine Kamera in einem wasserdichten Behälter.«

Hurley war abenteuerlustig und kam gut in primitiven Verhältnissen zurecht, doch das sollte nicht darüber hinwegtäuschen, dass er bedeutende und künstlerisch wertvolle Bilder machen konnte. Zudem verstand er es, mit den sich ständig weiterentwickelnden fotografischen Techniken Schritt zu halten. Die Paget-Farbplatten der State Library of New South Wales in diesem Buch sind eines der wenigen Beispiele dieses neuen Verfahrens der Farbfotografie, mit dem Hurley gern experimentierte. Die Aufnahmen aus dem *Green Album* des Scott Polar Research Institute geben uns einen Eindruck von der sich weiterentwickelnden Kunst. In diesem Album stellt Hurley Bilder zusammen, die seine persönlichen Erlebnisse wiedergeben sollten, sowie Abzüge von Glasnegativen, die er später vernichten musste. Betrachtet man die Aufnahmen, deren Negative (über 400) zerstört wurden, merkt man, dass ihm die Auswahl schwer gefallen sein musste; die Platten zu zerstören war wohl die einzige Möglichkeit, sich von ihnen zu trennen. Die Negative, die die Expedition überstanden haben, befinden sich heute in der Royal Geographical Society. Die zerbrechliche Schönheit von Helligkeit und Dunkelheit eines Glasnegativs mutet wie ein Wunder an, doch die Tatsache, dass diese Negative eine Reise durch Eis und stürmische See zurückgelegt haben, lässt sie wie aus einer anderen Sphäre erscheinen. Fast 100 Jahre später sind sie nach wie vor unbeschädigt, schön und ergeben sehr gute Abzüge. Dies alles ist Hurley und seinem Talent zu verdanken.

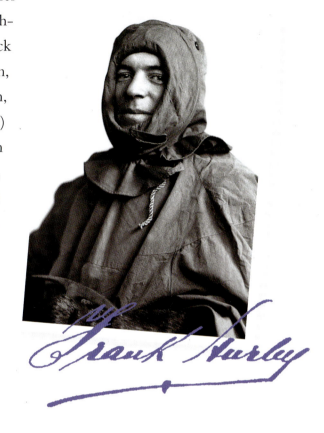

Frank Hurley in seiner Burberry-Schlittenausrüstung. Dieses Foto wird meist für ein Studioporträt gehalten, es könnte jedoch auch von Orde-Lees am 7. Februar 1915 aufgenommen worden sein.

Es ist jedoch Shackleton und seiner Mannschaft zu verdanken, dass sie noch existieren. Denn während dieser mühevollen Reise hat es sicherlich mehrere Situationen gegeben, in denen das Schleppen der schweren Glasplatten und Filme für das Überleben sekundär erschienen war. Selbst auf der gefährlichen Fahrt von den Eisschollen nach Elephant Island, als die Boote unsicher waren, weil sie zu wenig im Wasser lagen, und man sich deshalb von jeglichem »Unnötigen« befreite – darunter auch wertvolle Vorräte –, hatten die Männer beschlossen, Hurleys Fotografien und Negative zu behalten. Betrachtet man die Fotografien, beginnt man, diese Opferbereitschaft zu verstehen. Auf Seite 269 ist ein Bild des Biologen Robert Clark und des Geologen James Wordie in ihrer Kabine zu sehen – über ihnen ein kleiner Abzug mit einem Pinguin, den Hurley unterwegs aufgenommen hat. Seine Fotografien wurden fester Bestandteil ihres Alltags: Sie pinnten sie an die Wände, und sie sahen sich mit Hurleys Augen.

Dieses Buch versammelt zum ersten Mal alle Fotografien, die Frank Hurley während der *Endurance*-Expedition gemacht hat. Es ist eine einmalige Chance, sie vereint betrachten zu können und durch sie das Experiment dieser Forschungsreise nachzuerleben – mit den Augen Frank Hurleys, eines bis zu seinem Tod bemerkenswerten, professionellen Fotografen.

JOANNA WRIGHT
Kuratorin für Fotografie
Royal Geographical Society Picture Library

ERSTER TEIL
DIE ENDURANCE-EXPEDITION

DIE ENDURANCE-EXPEDITION

Shane Murphy

Am 25. Januar 1915 nahm Frank Hurley dieses Foto von der im Eis festgesetzten Endurance *auf.*

*3. Juni 1916
Mein Liebling,*

ich kann nur eine Zeile schreiben, da die Post hereinkommt und ich völlig mit Kabeln und Anordnungen beschäftigt bin, um unseren Leuten zu Hilfe zu kommen. Die letzten eineinhalb Jahre waren für mich die Hölle: Ich bin natürlich gealtert, aber keiner ist ums Leben gekommen, obwohl wir durchgemacht haben, was keine andere Polarexpedition erlebt hat.

Das schrieb Sir Ernest Shackleton an seine Frau Emily von Port Stanley auf den Falkland-Inseln, nachdem ein erster Versuch fehlgeschlagen war, seine 22 Männer zu retten, die auf Elephant Island, einem kleinen eisigen Felsen vor der Spitze der Antarktischen Halbinsel, gestrandet waren.

Dreieinhalb Monate später saßen die Männer immer noch auf derselben trostlosen Landzunge aus präkambrischem Schotter fest, von Packeis umgeben, in einer verrußten kleinen »Hütte«, im Schein von Waltranlampen. Sie waren weit entfernt von Schifffahrtslinien, wo man nach ihnen suchen würde. Die Gestrandeten nahmen an, dass der »Boss« umgekommen war, als er zu ihrer Befreiung in einem absurd kleinen Rettungsboot nach South Georgia segelte, und hatten alle Hoffnung auf Rettung aufgegeben. Da erschien Shackleton und rettete sie. Das war Shackletons größte Leistung: Als alles verloren schien, stand er leibhaftig vor ihnen.

Frank Wild, Shackletons Stellvertreter, illustrierte die sagenhafte Energie und die Führungsqualitäten dieses Mannes, als er über die britische Antarktisexpedition der *Nimrod* (1907–1909) berichtete, die Shackleton ausgerüstet und geleitet hat und für die er später geadelt wurde. Die große physische Leistung dieser Expedition war die Erstbesteigung des Mount Erebus sowie die Entdeckung des magnetischen Südpols und des Beardmore-Gletschers. Shackleton verfehlte nur knapp sein Ziel, als erster Mensch am geografischen Südpol zu stehen. Er und seine Begleiter, Wild, Dr. Eric Marshall und Jameson Adams, kamen mit ihren Schlitten bis auf 100 Meilen (160 Kilometer) an den Pol heran, doch Nahrungsmangel zwang sie umzukehren. Später auf dem Heimmarsch, als sie an ihrem Ziel Hut Point längst überfällig waren, bekam Marshall eine schwere Diarrhö. Er wurde unter Adams Pflege in einem Zelt zurückgelassen, während Shackleton und Wild über das Eis eilten, um Hilfe zu holen.

»Shackleton wies als Erstes Kapitän Evans [von der *Nimrod*] an, einen Schlitten und Ausrüstung vorzubereiten, und wählte drei der kräftigsten Männer an Bord aus, die mit ihm zurückgehen sollten, um Marshall und Adams zu holen. Shackleton fragte mich, ob ich gern mitgehen würde«, schrieb Wild, »und ich sagte ›Ja, wenn Sie an Bord bleiben, denn es ist nicht nötig, dass wir beide gehen.‹ Er antwortete: ›Ich muss gehen.‹ Nach drei Stunden machte sich die Gruppe auf den Weg. Als ich auf der Brücke stand und ihren Abmarsch beobachtete, bemerkte Kapitän Evans: ›Shackleton ist gut zu Fuß, nicht wahr?‹ Ich bejahte etwas gezwungen, da sagte er: ›Nun gut, er ist in einer Gruppe, die auf ihn aufpasst.‹ Ich sagte: ›Warten wir ab, bis sie zurück sind.‹ Die Männer, die Evans ausgewählt hatte, waren [Douglas] Mawson, [Dr. A. F.] Mackay und ein athletischer Heizer, der ihm als der Kräftigste erschien und den er für den Ausdauerndsten hielt.

48 Stunden später sahen alle erstaunt, wie die Gruppe, einschließlich Adams und Marshall, nach einem Boot von Hut Point winkte. In wenigen Minuten waren sie an Bord. Mackay stürzte in die Offiziersmesse und schrie nach dem Schiffsarzt: ›In deine Hände, Doktor, übergebe ich meinen Körper und meine Seele!‹ Er und Mawson blieben zwei Tage im Bett. Der durch und durch athletische Heizer legte sich fünf Tage ins Bett, und Shackleton ging auf die Brücke und steuerte das Schiff aus der Bucht …

Unglaublich erschöpft von einem 1740 Meilen langen Marsch, auf dem er über 1400 Meilen einen Schlitten zog, und drei Monaten dürftiger Rationen, legte Shackleton am Ende innerhalb von drei Tagen 99 Meilen zurück.«

Einen nachhaltigeren Eindruck von Shackletons Willenskraft, Ausdauer und Führungsqualität vermittelt die Imperial Trans-Antarctic Expedition (ITAE) – die *Endurance*-Legende –, die berühmteste Überlebensgeschichte aller Zeiten. Das Vorhaben der ITAE war geradezu tollkühn. Nachdem der Pol von Roald Amundsen erobert worden war, wollte Shackleton den Kontinent durchqueren und dabei die Route über den Pol nehmen. Im antarktischen Frühjahr 1914 plante er, an der Vahsel Bay im Weddellmeer zu landen und mit dem Schlitten die schätzungsweise 1800 Meilen (2880 Kilometer) quer durch die Antarktis zu fahren. Das Ziel war die alte Basis der *Nimrod* am Rossmeer. Für die Reiseroute brauchte man sechs von Hunden gezogene Schlitten, die von sechs ITAE-Mitgliedern geführt werden mussten. Es waren auch zwei Schiffe erforderlich, eines für jedes Meer.

Die *Aurora,* ein 600 Tonnen schwerer Robbenfänger, wurde (mit Vorräten) von Sir Douglas Mawson für 3200 Pfund für die Operation im Rossmeer gekauft. Sie segelte am Weihnachtsabend 1914 von Hobart auf Tasmanien ab. Die *Endurance* (frühere *Polaris*), in Sandefjord, Norwegen, für Arbeiten im arktischen Sommer gebaut, war ideal für das Navigieren im Brucheis vor Spitzbergen. Ihr Rumpf war V-förmig, steil und dick. Als 350 Tonnen schwere Barkantine war sie von einer Dreifach-Expansionsmaschine angetrieben, die zehn Knoten machen konnte. Die *Polaris* kostete 11 600 Pfund und war funkelnagelneu, als sie im Juni 1914 nach London geliefert wurde. Umgetauft in *Endurance,* nach dem Motto, das das Familienwappen der Shackletons zierte, »By Endurance We Conquer« (Durch Ausdauer siegen wir), lag sie, frisch angestrichen, am Liegeplatz, bereit, ihre erste und einzige Reise zu beginnen.

Shackleton, der stets mit der Finanzierung von Expeditionen Schwierigkeiten hatte, sah sich jetzt vor einem noch größeren Problem: Der Ausbruch des Krieges in Europa kündigte sich an. Shackleton rief seine Männer in London zusammen und erklärte ihnen, es stünde ihnen frei, am Krieg teilzunehmen. Dann stellte er sein Schiff, seine Vorräte und seine Mannschaft der Admiralität zur Verfügung. Diese lehnte wie die meisten der Crew das Angebot jedoch ab.

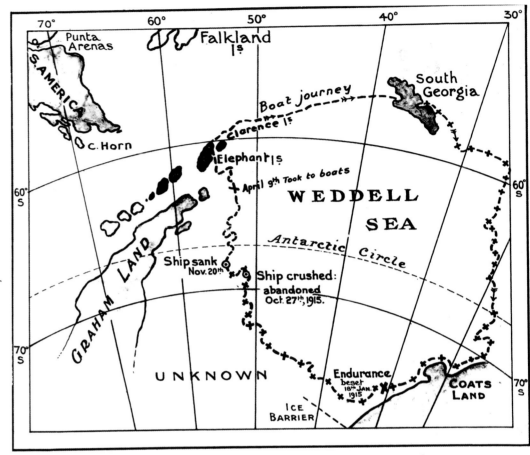

Die Karte zeigt die Route der Endurance, *bevor sie im Eis eingeschlossen wurde, die anschließende Bootsfahrt zu Elephant Island sowie die Fahrt der* James Caird *nach South Georgia.*

Am 8. August 1914, vier Tage nachdem Deutschland in Belgien einmarschiert war und Großbritannien Deutschland den Krieg erklärt hatte, fuhr die *Endurance* von Plymouth nach Buenos Aires ab. Als sie dort Anfang Oktober anlegte, stieß der Australier Frank Hurley als ITAE-Fotograf dazu; er war kurz zuvor mit Mawson in der Antarktis (1911–1914) gewesen. Hurleys erstaunliche Energie, die Qualität seiner Arbeit und sein Ruf als Fotograf hatten Shackleton dazu bewogen, ihn ungesehen per Telegramm einzustellen; zudem hatte sich Hurley bereits Anfang des Jahres für die Position beworben. Shackleton plante darüber hinaus, mit dem Verkauf der Rechte an Hurleys Fotografien die Schulden der Expedition abzutragen.

Mit den Glückwünschen und unter dem Jubel der Menschen sowie den Klängen von *God Save the King* verließ die *Endurance* am 26. Oktober bei schönem Wetter mit 27 Mann (siehe Seite 31) Buenos Aires. Nachdem er die Szene aufgenommen hatte, fragte sich Hurley in seinen Notizen, was die Zukunft bringen würde. Hätte er es gewusst, wäre er vermutlich trotzdem an Bord geblieben. Er war nicht zu bremsen. Hurley wurde 76 Jahre alt und führte bis zu seinem Tod ein außergewöhnlich produktives Leben. Aber, und das war charakteristisch für ihn, er hatte auch andere Züge. Ein Besatzungsmitglied schrieb, dass, nachdem das Schiff die Anker gelichtet hatte, »Hurley Shackleton buchstäblich eine Pistole an den Kopf hielt und sagte, dass er für das Gehalt [von 300 Pfund pro Jahr] nicht mitkomme, sondern nur für eine Beteiligung. Shackleton konnte es sich nicht leisten, ihn zu verlieren, also stimmte er zu.«

Der Pastor und die Direktoren der Walfangstationen wurden am 12. November 1914 zum Lunch an Bord der Endurance, *die vor Grytviken lag, eingeladen. Es existieren mehrere Kopien dieses Fotos, jedes mit einer Widmung von Shackleton für die verschiedenen Männer bei ihm versehen. Thoralf Sørlle ist ganz rechts neben Worsley zu erkennen, Kapitän Thom steht hinten in der Mitte.*

Der Laderaum der *Endurance* enthielt genug Vorräte für zwei Jahre. Eine ungeheure Menge von Trockengemüse, Bauholz für Hütten, Kohle für Schiff und Hütten, Fleischkonserven und umfangreiche andere Materialien. Unter den Decks hatte sich auch der 19-jährige Perce Blackborow versteckt – ein blinder Passagier, der am folgenden Nachmittag entdeckt wurde, als die Männer am Recalda-Feuerschiff Post nach Hause schickten. Nachdem Wild Blackborow zu Shackleton gebracht hatte, überschüttete der »Boss« den Jungen mit einer Schimpfkanonade. Am Ende fuhr er ihn an: »Weißt du, dass wir auf diesen Expeditionen oft sehr hungrig werden und wenn ein blinder Passagier da ist, er der Erste ist, der gegessen wird?« Blackborow musterte Shackletons kräftige Figur und antwortete ruhig: »Sir, an Ihnen würden sie eine Menge mehr Fleisch haben.« Da drehte sich Shackleton zu Wild um und sagte: »Bring ihn zum Bootsmann, aber stell ihn vorher dem Koch vor.«

An Deck gab es Neuerungen wie drei Motorschlitten in großen Holzkisten. Sie waren von Hunden umgeben, die in Zwingern angekettet wurden. Thomas Orde-Lees, der Motorspezialist (und spätere Lagerverwalter), beschrieb einem Reporter einen Schlitten: »Der größte ist 15 Fuß lang und 4,5 Fuß breit. Er wird von Motoren und einem Flugzeugpropeller mit 60 PS angetrieben. Anzani-Motor. Dieser Schlitten kann eine Geschwindigkeit von 20 bis 30 Meilen/Stunde erreichen und ein Gewicht von einer halben bis einer Tonne tragen … Die Auspuffgase führen durch einen heißen Schrank, in dem tagsüber Schlafsäcke und Kleidungsstücke getrocknet werden.«

Kapitän Frank Worsley berichtete in seinem Tagebuch detailliert über die Hunde: »Unsere 69 Huskies (aus dem Nordwesten Kanadas) erhalten täglich dreimal Wasser & zweimal einen Spratts-Hundekuchen. Ungefähr jede halbe Stunde kommt es zwischen den Hunden zu einem Kampf, der im Keim erstickt werden muss & jedes Mal wenn die Hunde Futter oder Wasser erhalten, bricht ein Höllenlärm aus. Dasselbe passiert, wenn ein Hund sich losreißt oder für ein Lysolbad oder irgendeine Behandlung zum Arzt geführt wird. Zwei- bis dreimal pro Nacht brechen sie in klagendes Geheul aus (die Hälfte stammt von Wölfen ab).«

Die Endurance *tauft ihren Bug mit dem Packeis des Weddellmeeres, Dezember 1914.*

Nach der Durchquerung des südlichen Atlantik und der »wilden Vierziger« – dem stürmischsten Meer der Erde, da es ungehindert um den Globus jagt – erreichte die *Endurance* am 5. November 1914 die Insel South Georgia. In Grytviken, einer Walfängerstation mit 200 Männern und einer Frau, wurde Shackleton bestätigt, was er bereits aus dem *Buenos Aires Herald* wusste: Die Eisbedingungen im Weddellmeer waren extrem schwierig. Die Walfänger, besonders Thoralf Sørlle, rieten, einen Monat zu warten. Shackleton stimmte zu. Die Hunde wurden an Land festgebunden, wo sie sich losrissen und aus Spaß Schweine und Pferde jagten. Sørlle war in Sandefjord aufgewachsen; er kannte die *Endurance* genau und prophezeite, dass sie vom Eis zerdrückt würde, weil sie nicht – wie Amundsens *Fram* – mit einem abgerundeten Rumpf im antarktischen Druck der Wogenkämme auf und ab rollen konnte. Nachdem sie weitere Vorräte an Lebensmitteln, Kohle und Winterkleidung von den Walfangstationen der Insel an Bord gebracht hatten, legte die *Endurance* am 5. Dezember 1914 von der Cumberland Bay Richtung Weddellmeer ab. Am nächsten Tag war das Schiff von Eisbergen umgeben, und am Tag darauf stieß es gegen fünf Uhr nachmittags auf das Packeis des Weddellmeers, das so dicht wurde, dass es ein Vorankommen ernstlich behinderte. So blieb es mit einigen Ausnahmen während der nächsten Wochen bis zum 19. Januar 1915, als Shackleton und seine Männer ihr Ziel erspähten – aufgrund des Sturms, den sie im Windschatten eines Eisbergs überstanden hatten, waren sie jedoch unbeweglich im Eis eingeschlossen.

Hurley beschrieb am 28. Januar die Situation. Er notierte, dass durch einen Temperaturrückgang das offene Wasser um das Schiff gefroren war. Sie würden also nirgendwohin fahren. Am 14. Februar, dem Vorabend von Shackletons 41. Geburtstag, stimmte sie eine 300 Yard (274 Meter) breite Öffnung jedoch zuversichtlich.

Shackleton steht in einer gerade zugefrorenen Rinne, August 1915.

Beim Entfernen des Eises an der Steuerbordseite. 14./15. Februar 1915.

Harry McNish, Schiffszimmermann und ältestes Crewmitglied, hielt die Ereignisse in seinem Tagebuch fest: »... starteten die Maschinen & begannen den Ring [von frischem Eis] aufzubrechen, wir kamen 300 Fuß weit & stoppten um Mitternacht.« Am nächsten Tag fuhr »Chips« McNish in seiner ungewöhnlichen Orthografie und Grammatik fort: »Gingen um 7.30 hinaus hatten Frühstück starteten um das Eis vor uns zu brechen fanden es so dick geworden dass wir zu Mittag aufgaben denn es war 12 bis 18 Fuß dick so dass wir warten müssen dass der Himmel uns eine Temperatur von +2 gibt.«

Am folgenden Tag markierte McNish ein Fußballfeld auf dem schwimmenden Eis. An diesem Nachmittag spielte, laut Orde-Lees, der ein kurioser, gewöhnlich in Mantel und Krawatte gekleideter Kauz war, jedermann Fußball, außer »Hurley, der niemals Spiele mitmacht ... [Er] war stets mit seiner Filmkamera und seinen Fotoapparaten beschäftigt, und die Aufnahmen versprechen, interessant zu werden, sie zeigen einen Abschnitt unseres seltsamen Lebens ...«

Am 24. Februar stellte Shackleton »jeden von Wache und Schiffsroutine frei, so dass wir praktisch aufhören, ein Schiff zu sein & eine Winterstation werden«, vermeldete Worsley. »Die gesamte Mannschaft ist tagsüber bei der Arbeit & schläft die ganze Nacht, [außer einem] Wachmann, der von 8 Uhr abends bis 8 Uhr morgens nach den Hunden & dem Schiff schaut & seine Augen offen hält, um jedes Anzeichen eines Risses im Eis oder eines unwahrscheinlichen Feuers – dreimal auf Holz geklopft – zu erkennen. Heute arbeitet die ganze Besatzung ... Seehunde bergen & enthäuten oder das Schiffsheck aufräumen, nachdem Laderäume und Vorräte geprüft wurden, so dass wir wissen, wie wir einer Belagerung durch den antarktischen Winter standhalten.«

Die Hunde wurden vom Schiff gebracht, und ihre Zwinger wurden auf dem Eis wieder aufgebaut, was unerwartet viel Mühe machte. Worsley stellte eine Crew zusammen und baute »Hunde-Iglus aus großen Eisblöcken, die wir rund ums Heck ausgesägt hatten, dazu dünnere Platten, die wir heute aus frischem, zwei Tage altem Eis ausschnitten. Die Seiten bestehen aus drei Eisblöcken & die Rückwand aus einem Eiskeil, der zu einer senkrechten Wand gehauen wurde. Darüber legen wir Bretter oder gefrorene Seehundfelle, die härter als Holz sind.« Nachdem alle Tiere bequem untergebracht waren, teilten Wild, die Doktoren James McIlroy und Alexander Macklin, der Zweite Offizier Tom Crean, der Künstler George Marston und Hurley sie in sechs gleichwertige Gespanne auf. Das Training im Geschirr begann sofort.

An alle wurde zusätzliche Winterkleidung ausgegeben. Um Morsesignale zu empfangen, wurden die Stangen für den drahtlosen Empfang (ein Geschenk der argentinischen Regierung) in der Takelage angebracht. Trotz der enormen Arbeit,

»Um 4 Uhr nachmittags hatten wir ein filmreifes Fußballspiel mit zwei vollständigen Teams von je elf Mann …«

ORDE-LEES, TAGEBUCH, 16. FEBRUAR 1916.

sie Woche für Woche bei eisiger Temperatur und heftigem Wind und Schneestürmen wieder einzustellen, waren die Punkte und Striche nie zu hören. Da der Winter schnell herannahte, wurde der Laderaum in Wohnzellen unterteilt. Sie würden wärmer sein als die Kabinen auf dem Hauptdeck. Ausgestattet mit einem Heizofen und einem langen Tisch zum Arbeiten und Essen, erhielt das Ganze den Namen »Ritz«. Kabinengenossen wurden ausgelost. Der Physiker Reginald James notierte, dass er »Lees bekam …«, der die obere Koje nahm, wo er ein umfangreiches Tagebuch führte. Worsley, Wild, Marston und Crean bauten die Offiziersmesse um. Sie nannten ihre Quartiere »the Stables« (die Ställe), weil ihre kleinen Kojen Pferdeboxen ähnelten. Shackleton beanspruchte Worsleys achtern gelegene Kabine. Hurley verwandelte den Kühlraum des Schiffes, der sich im unteren Laderaum hinter der Dreifach-Expansionsmaschine befand, in eine Dunkelkammer. Wenn er nicht sein Hundegespann trainierte oder mit anderen von Wild ihm zugewiesenen Aufgaben beschäftigt war, fand man ihn hier, wo er seine Filme entwickelte – je zehn Fuß (drei Meter) Film erforderten 40 Gallonen (182 Liter) Süßwasser. Zum Trocknen hängte er sie um Shackletons Paraffinofen. Hier führte Hurley auch sein Tagebuch, spielte mit Reginald James Schach, das sie beide mit Hilfe der *Encyclopædia Britannica* lernten. Oder er entwickelte seine Glasplatten und machte Abzüge davon, wobei er gleichzeitig ein Fotoalbum über die Expedition anlegte. Dieses bis heute erhaltene Werk ist das berühmte *Green Album* des Scott Polar Research Institute, das als Vorlage für viele Abbildungen in diesem Buch diente. Es ist das einzige, direkt vor Ort erstellte Dokument von der Expedition, noch bevor das Schiff vom Eis zermalmt wurde.

Im April, als die Tage kurz, dunkel und viel kälter wurden, schien es, als wäre aus den Hundegespannen eine einsatzfähige Truppe geworden. Wenn das Wetter es zuließ, übte die Crew regelmäßig rund um das Schiff. Einer der Motor-

»Ein Treffen der Hunde auf dem Meereis«, schrieb Hurley im Green Album.

schlitten wurde von Bord zur Jungfernfahrt auf das Eis gebracht. Nachdem Hurley das Vehikel, das unsicher quer über das Eis kroch, gefilmt hatte, brach es zusammen. McNish schrieb: »Lees ... hat keine praktische Erfahrung mit Motoren Hurley macht deshalb die Reparaturen.«

Im Eis eingefroren und von der Strömung gefangen, kam es am 16. April beinahe zu einem Zusammenstoß mit einem enormen Eisberg. »Breite 75–54 Temp. plus 8 sind wir nur mit knapper Not einem Eisberg entkommen«, schrieb McNish. »Er zog etwa eine halbe Meile entfernt Richtung Nordost an uns vorbei verursachte einen ziemlichen Druck aber nun ist er weit genug entfernt.«

Am Samstag, dem 1. Mai 1915, war es neblig und es schneite. Worsley erhaschte »den letztmöglichen Blick auf die Sonne ...« An diesem Abend, fährt er fort, veranstalten wir nach dem üblichen Trinkspruch auf die »Geliebten & Ehefrauen einen fröhlichen Abend im Ritz. Greenstreet stellt mit Monokel ›Lord Effingham‹ dar & danach gab er mit rußgeschwärztem Bart Charcot. Dabei wird er von einer bunten Gruppe von Raufbolden unterstützt. An erster Stelle Hussey mit einem angemalten blauen Auge & einem kleinen Jungen namens ›Tommy‹ mit piepsiger Stimme, der, freundlich angesprochen, bei anderen Gelegenheiten auf den Namen Wild hört. Diese ganze Brigade stürzte in Sir Ernests Kabine und brachte ihm mit zweifelhafter Musik & noch zweifelhafteren Liedern ein Ständchen. Nach einer leichten Verwirrung wurden sie mit Schokolade dazu überredet, abzuziehen & andere friedliche Mitglieder der Expedition zu belästigen ...«

Mitte Juni, der kältesten, dunkelsten Zeit jedes antarktischen Winters, prahlte Hurley – der einen schönen Vormittag damit verbracht hatte, seine Hunde zu trainieren – beim Mittagessen damit, dass sein Gespann das schnellste sei. Shackleton stachelte ihn an. Nach dem Essen gingen alle aufs Eis, wo man sich auf eine halbe Meile (800 Meter) lange Strecke verständigte, Bedingungen festlegte und Wetten einging. Am nächsten Mittag startete das Antarktische Derby auf einem von Sturmlampen und dem schwachen Schimmer eines entfernten Südlichts beleuchteten Kurs. Alle hatten an diesem Tag frei, viele hatten sich für das Ereignis besonders angezogen. Einige der Matrosen waren als Buchmacher verkleidet und boten Wetteinsätze in antarktischer Währung – Schokolade und Zigaretten – an, doch niemand akzeptierte ihre Quoten (6:4 auf Wild; doppelter Einsatz auf Crean; 2:1 gegen Hurley; 6:1 gegen Macklin; 8:1 gegen McIlroy; Marston ohne Vorgabe).

Wintersonnenwendtag 1915. Die Teilnehmer in ihren Kostümen nach dem dreistündigen »Rauchkonzert«. Hussey ist als schwarzer Sänger mit Banjo zurechtgemacht. Rickenson ist das »lässige junge Mädchen« rechts. Wild trat als lispelnder kleiner Junge auf und rezitierte »The Schooner Hesperus« mit dem Beistand von Hudson, der als Tochter des Kapitäns kostümiert war.

Hurley, in einem roten Mantel mit einer kleinen australischen Fahne um den Arm gewickelt und einem Schlittenwimpel, wurde nach Wild Zweiter. Bei einer Revanche am 25. gewann er jedoch, aber nur, weil Shackleton kurz vor der Ziellinie von Wilds Schlitten fiel. Lees schrieb: »Wilds Hunde sind im Durchschnitt 11 Pfund leichter als Hurleys, weshalb er unbestritten das bessere Gespann hat, auch wenn Hurley das Rennen technisch gewann. Einige von uns denken, es wäre fair von ihm gewesen, wenn er ein neues Rennen angeboten hätte.« Shackleton war so enttäuscht von sich, dass er alle Wetten bezahlte.

Der 22. Juni, der Wintersonnenwendtag, kündigte die Rückkehr der Sonne an und wurde als besonderer Tag mit einem Festessen gefeiert. Nach einem großartigen Dinner wurde ein »Rauchkonzert« veranstaltet. Hurley hatte dafür eine Bühne gebaut und mit Acetylenlampen illuminiert, die in Kaffeedosen steckten. »Der ungewöhnlichste Beitrag zu unserem Konzert«, schrieb Lees, »war zweifellos Dr. McIlroys gewagter Auftritt als halbnackte spanische Demimondetänzerin. Aus alten Samtvorhängen usw. hatte er ein Kostüm mit einer Art Dekolleté und einem kurzen Kleid zustande gebracht. Am beachtlichsten aber war die Art, mit der er sich in eine Blondine verwandelt hatte, ist er doch eher ein dunkler Typ … Da unsere Lieder meist anspielungsreich und teils satirisch sind, luden wir die Matrosen nicht dazu ein, und sie nahmen es wie gewöhnlich übel. Doch sie fanden zweifellos Trost in reichlich Rum sowie den Süßigkeiten, Früchten und Tabak, mit denen Sir Ernest sie großzügig versorgte.«

Morgendämmerung gegen Ende des antarktischen Winters im August 1915, als das Eis aufgebrochen war.

Spät im Juli kehrte die Sonne zurück, strahlte für fast eine Minute die gefrorene Landschaft an, bevor sie in farbenprächtigen Goldtönen unterging. Wenige Tage später konstruierten Hurley und Macklin bei einem weiteren kurzen Aufscheinen der Sonne »einige sehr dekorative Unterkünfte [aus Eis] für ihre Hunde. Die des Matrosen hat einen spitzen Turm, der sich friedlich über dem Eingang erhebt und wie ein krönendes Kreuz wirkt«, schrieb Worsley.

Am nächsten Tag, dem 1. August, war der »Kristallpalast« des Seemanns zu Pulver zermahlen. »Ein orkanartiger Südwind & die Eisscholle auf der wir waren brach auf«, ist in McNishs Tagebuch zu lesen. »Wir nahmen um 10.30 die Hunde an Bord & jeder packte seine warme Kleidung in ein Bündel so klein wie möglich um wenn nötig auf die Eisscholle zu gehen … Wenn je einer Monotonie empfand hatten wir nun einen Ausbruch gehabt.«

Während der nächsten Tage wurden an Deck Hundezwinger gebaut. Normalität kehrte wieder ein, auch wenn sich das Schiff fünf Grad nach Backbord geneigt hatte. Shackleton warnte die Crew, die dachte, sie hätte nun das Schlimmste gesehen. »Er«, so berichtete Worsley in seinem Tagebuch, »erzählte ihnen von einer Maus, die, gestärkt von Rum, leichtsinnig fragte: ›Nun, wo ist denn die verdammte Katze?‹«

Ein neues Hundeteam aus fast erwachsenen Welpen, das von Greenstreet geführt wurde, sowie die anderen Gespanne trainierten und jagten fast täglich nach Seehunden. Mit dem Schleppnetz wurden weiterhin Forschungsproben eingeholt, und sowohl die meteorologischen als auch die anderen wissenschaftlichen Studien wurden fortgesetzt. Fußball- und Hockeyspiele fanden genauso regelmäßig statt wie die, laut McNish, übliche Samstagabendunterhaltung des »Geliebten & Ehefrauen-Stresses oder nicht«, während sonntagabends »das Grammofon mit all den neuesten Liedern lief«. Doch als die Tage länger und damit ein Freikommen wahrscheinlich wurde, verstärkte das Eis seinen Griff. Mehrere Nächte war das Schiff heftigem Druck ausgesetzt, so dass sich der Boden des Ritz bog und das Holz zwischen den Kojen ächzte und auch splitterte. Hurley und die anderen lagen schlaflos in ihren Kojen und warteten darauf, dass das Schiff zerdrückt würde. An Deck fanden sie es gelegentlich schwierig, ihre Arbeiten auszuführen, weil das Schiff sich manchmal wie ein Bogen krümmte und Spalten im Deck zurückließ.

Die Endurance neigt sich nach Backbord. Ansicht vom Heck aus.

Um Mitternacht des 15. Oktobers, Hurleys 28. Geburtstag, trieb ein donnernder Knall alle auf das mit Schneematsch überzogene Deck. Sie starrten hinaus und beobachteten einen breiter werdenden Riss, der eine eisfreie Rinne bildete. Das Schiff senkte sich ins Wasser und war seit dem 15. Februar zum ersten Mal plötzlich frei. Ein Segel wurde gesetzt, und die *Endurance* fuhr tatsächlich – etwa dürftige 100 Yard (91 Meter) –, bevor sie in einer engen Gasse wieder zum Stehen kam. Bedrohliche Eisplatten umgaben sie, und alle wussten, dass diese sich letztlich zusammenschließen würden. Nur drei Tage später war es so weit. Mit Worsleys Worten: »... um 4.45 nachmittags begannen die beiden Eisschollen, die uns umklammerten, sich zu bewegen und von der Seite her auf das Schiff zu drücken. Plötzlich zerbarst die Eisplatte an der Backbordseite in riesige Stücke, die unter der Backbordbilge heraufschossen & in fünf oder höchstens sieben Sekunden neigte sich das Schiff ruhig 30 Grad nach Backbord, wobei es unter der Steuerbordbilge durch das entgegenströmende Eis gehalten wurde. Die leeseitigen [Rettungs-]Boote liegen jetzt beinah auf dem Eis. Die mittschiffs gelegenen Hundezwinger brechen auseinander & krachen über die Leeseite. Die Hunde heulen in panischer Angst – das perfekte Inferno. Alles, was beweglich ist, fliegt über Lee & für ein paar Augenblicke sieht es aus, als ob das Schiff auf seine Breitseite geworfen würde. Alle machen sich an die Arbeit & etwas Ordnung kehrt ein, alle Feuer werden gelöscht, an Deck werden Leisten genagelt, damit die Hunde Halt finden und die Leute umhergehen können. Um 8 Uhr abends öffnen sich die Eisschollen erneut & innerhalb weniger Minuten liegt das Schiff wieder aufrecht ...«

Das Ende war nahe. Am 23. Oktober »tranken wir auf die Gesundheit unserer Geliebten & Ehefrauen«, so McNish, »aber ich fürchte das werden wir nicht mehr lange tun denn wir haben ein Leck. Ich arbeite die ganze Nacht und versuche es zu stopfen, aber der Druck wird schlimmer.« Am nächsten Tag, fuhr er fort, »habe ich einen Schott im Maschinenraum gebaut & noch schaffen wir es das Wasser mit Pumpen unten zu halten. Sir Ernest & die meisten der Mannschaft packen Schlitten. Ich fürchte mit dem Schiff ist es aus.«

Am 26. Oktober bedrängte erneut ein extremer Eisdruck das Schiff. Shackleton befahl, sofort Schlitten, Rettungsboote und Notvorräte auf das Eis zu schaffen und von der unmittelbaren Gefahrenzone wegzubringen. Als diese

Nachdem die Männer die Endurance *verlassen hatten, versammelten sie sich auf dem Eis, wo bereits Zelte errichtet und geborgene Vorräte, Kleidung und Ausrüstung gestapelt waren.*

Arbeit getan war, kehrten die Männer zu den Pumpen zurück. Die ganze Nacht über war das Krachen zersplitternder Planken zu hören. Die Hölle brach los. Sogar die Pinguine schienen es zu wissen. Worsley beschrieb einen »seltsamen Vorfall … in dem Augenblick, als der heftige Druck das Schiff erfasste, watschelten [sechs Kaiserpinguine] ein kleines Stück auf das Schiff zu: Sie hielten an & … begannen zu singen, was wie ein Grabgesang für das Schiff klang.«

Am 27. Oktober registrierte Worsley das Finale: »Endurance aufgegeben. Erste Nacht auf der Eisscholle. Temp. – 8.5 & 22 ½ Stunden Tageslicht. Leichter Wind von SSO nach SSW & klares Wetter. Sichtweite 20 Meilen, kein Land in Sicht. Den ganzen Tag über Druck, mit erschreckender Kraft um 4 Uhr nachmittags anwachsend, drückt das Heck hoch, zermalmt das Steuerruder, den Rudersteven & den Achtersteven. Decks brechen auf. 7 Uhr abends Schiff zu gefährlich, um sich darauf aufzuhalten. Wir sind gezwungen, es aufzugeben. Wasser setzt die Pumpen außer Kraft & erreicht das Feuer im Maschinenraum. Feuer ausgehen lassen, Dampf ablassen. Männer & Hunde kampieren auf dem Eis, müssen aber das Lager zweimal verlegen, da die Eisplatte unter den Füßen kracht & bricht. Haben wenig Schlaf.«

Ein außergewöhnlicher Außenposten der Zivilisation: Ocean Camp, 1915.

Nach diesen unglaublichen Ereignissen ruft Shackleton seine Männer zusammen. In einer Rede, die oft als seine beeindruckendste und anrührendste Ansprache geschildert wurde, bat er sie, ihre persönlichen Belange zurückzustellen, um für alle das Unmögliche möglich zu machen. Er informierte sie über seinen Plan, 300 Meilen (480 Kilometer) über das Eis nach Snow Hill zu marschieren, wo ein Nachschublager war. Dann griff er in seine Taschen, warf sein Geld, eine goldene Uhr und ein Zigarettenetui weg und forderte die Männer auf, es ihm gleichzutun, was sie auch befolgten. Hurley kam zu dem Schluss, dass die Relikte einer verfeinerten Zivilisation nutzlos waren. Am 30. Oktober, um drei Uhr nachmittags, begann der Marsch. Zuvor wurden Mrs. Chippy, McNishs Katze, und verschiedene junge Hunde erschossen. Die Männer schafften eine Meile (1,6 Kilometer) bei »sehr mühsamem Gehen & wir lösen uns mit den Booten ab was bedeutet eines ein wenig und dann zurückgehen für das andere«, notierte McNish. Am nächsten Tag schafften sie eine dreiviertel Meile (1,2 Kilometer). Mit Hilfe der Hundegespanne war das Ziehen der Boote viel einfacher. Am 31. kamen sie nur eine schäbige halbe Meile (800 Meter) voran.

Am Morgen des 1. November gaben sie nach heftigem Schneefall auf. Shackleton, Wild, Worsley und Hurley wagten sich auf eine Entdeckungstour. Sie suchten einen Weg, fanden aber nur, dass das Eis brüchig war. Sie entschieden sich für den Rückzug auf eine solide alte Eisscholle, um dort den Aufbruch des dicken Eises abzuwarten. In den nächsten Tagen wurde auf Hurleys Vorschlag ein überdimensionaler Meißel angefertigt. Shackleton schuf die riesige Schneide aus geborgenem Stahl. An einem Ausleger befestigt, arbeitete der Meißel wie eine Ramme. Nach wiederholten Versuchen schnitt er durch das zum Teil versunkene Deck. Kisten mit Schlittenrationen und Lebensmittel tauchten auf und wurden mit Bootshaken an »Land« gebracht. Kurz darauf gelang es, das Deck an einer zweiten Stelle aufzubrechen. Nach fleißiger Arbeit befanden sich am 5. November vier Tonnen Vorräte im Lager. Das Eis driftete zu einer Stelle, die sie »Ocean Camp« nannten, und am 7. waren alle dort untergebracht. McNish schrieb während eines Schneesturms, »dass [Hurley und Kerr] aus der Aschenrutsche einen Herd bastelten, der sich als sehr praktisch erwies wir hatten heute Abend einen feinen [Eintopf] aus Pökelfleisch und Kartoffelkonserven es war ein Genuss.« Hurley rettete den größten Teil seiner Fotoausrüstung, die Glasplatten und die Filmrollen, indem er am 2. November mit Walter How entschlossen zum Wrack ging und sich einen Weg in den Kühlraum bahnte. Es gelang ihm, seine zinkummantelten galvanisierten Behälter zu erwischen, die weitgehend unbeschädigt waren. Triumphierend kehrte er zum Lager zurück.

Hurley und Kerr bauten im Ocean Camp diesen Ofen. Orde-Lees nannte ihn »angesicht des Mangels an Werkzeugen eine geniale Leistung«.

Eine Woche später traf Hurley eine Auswahl von etwa 150 Negativen. Da Shackleton ihm wegen des Gewichts ein Limit gesetzt hatte, zerschlug er die schätzungsweise restlichen 400 Glasplatten-Negative. Es scheint, dass er den Plan hatte, nach der Rückkehr in die Zivilisation Internegative von den Fotografien seines *Green Album* herzustellen. Fast zwei Dutzend der ausgewählten waren Paget-Farbplatten. Der Paget-Prozess war eine umständliche Methode um die Jahrhundertwende, mit der Farbbilder aufgenommen und Abzüge hergestellt werden konnten. Interessanterweise gehören Hurleys Paget-Platten von der *Endurance* zu den wenigen erhaltenen Exemplaren dieses Mediums.

Am 21. November, um fünf Uhr nachmittags, als die Männer in ihren Schlafsäcken lagen, beobachtete Shackleton eine Bewegung im Wrack. Er alarmierte die Männer, die von ihren Zelten zu den höchsten Aussichtspunkten eilten, die sie finden konnten. Innerhalb von fünf Minuten stieg das Heck senkrecht in die Luft und tauchte dann für immer unter das Eis. Hurleys Aufnahmen vom Ende der *Endurance* gehören zu den bewegendsten seines Gesamtwerks. Die überwiegende Zahl der Männer war bei dem Anblick erleichtert: Sie hatten alles, was Wert besaß, gerettet, und das Wrack war ohnehin zu unsicher für weitere Bergungsarbeiten gewesen.

Am nächsten Tag packte Hurley sein *Green Album* in einen Messingbehälter. Als er den Deckel zulötete, entdeckte er, dass Walspeck sich als ausgezeichnetes Schmelzmittel eignete. Die Zeit, in der er stets auf die passende Kamera zurückgreifen konnte, war vorbei. Ab jetzt musste er sich auf seine kleine Vest Pocket Kodak und die anderen Kameras der Crewmitglieder verlassen.

Die Männer waren nun damit beschäftigt, Vorbereitungen für das Unvermeidliche zu treffen: eine Reise in den drei Rettungsbooten, die McNish mit geborgenem Holz wieder herrichtete. Hurley baute nicht nur einen Ofen, der später auf Elephant Island verwendet wurde, er konstruierte auch eine Lenzpumpe für das größte Boot, das bald *James Caird* getauft werden sollte. Lionel Rickenson bastelte ein Ruder, und andere schnitten und nähten Segeltuch zurecht. Dann wurde jedes Boot auf einen

Masten und Ruder wurden in den Schnee gesteckt und dienten als Stangen für Wäscheleinen, an denen Kleider und Decken trockneten.

Schlitten gesetzt, die ebenfalls von McNish konstruiert worden waren. Shackleton taufte die Boote nach den Hauptsponsoren der Expedition *Dudley Docker*, *Stancomb-Wills* und *James Caird*. Es war nun ein Jahr her, als sie von South Georgia aufgebrochen waren. Jetzt, als Schiffbrüchige auf dem Eis, glaubten sie sich bereit für das offene Meer. Aber das Eis hielt sie fest. Im Dezember setzte schließlich Langeweile ein, und Shackleton kündigte einen zweiten Marsch an. Er plante, bei Nacht zu gehen, wenn die Oberfläche am festesten war.

Der 22. Dezember, der Tag der Sommersonnenwende, war warm und bewölkt. Man feierte gleichzeitig Weihnachten, da der Marsch am nächsten Tag beginnen sollte. Alle konnten sich an den verschiedensten Speisen satt essen, mit dem Ergebnis, dass am Abend die meisten einen verdorbenen Magen hatten. Als Shackleton am 23. Dezember erwachte, waren das Wetter und das Eis gegen ihn – und auch Harry McNish, der sich am 27. Dezember, dem fünften Tag des mühevollen Marschierens, Ziehens und Sichablösens in durchnässter Kleidung, widersetzte und mit seinem Gespann den Dienst verweigerte. Shackleton redete ihm zu, aber der Zimmermann war nicht zu bewegen einzulenken. Nachdem sie acht ermüdende Meilen (12,8 Kilometer) marschiert waren, hatte der Wind sie fast zu ihrem Ausgangspunkt zurückgeworfen.

Am nächsten Tag zogen sie sich eine halbe Meile (800 Meter) auf eine flache Eisscholle zurück, die sofort einen Riss bekam und die Verlegung des Lagers einige 100 Yard nach Süden erforderlich machte. Tags darauf wurde das Camp wieder um eine dreiviertel Meile (1,2 Kilometer) verlegt. Dies war schließlich das »Mark Time Camp«, das spätere »Patience Camp«, das zu Beginn des Jahres 1916 errichtet wurde. Und hier saßen sie, frierend, voller Überdruss und steigender Unruhe und warteten drei Monate auf die Öffnung des Eises.

Am 14. Januar, nach der Verlegung des Lagers auf eine andere Scholle, klagte McNish: »Wir erlebten eines der schlimmsten Ereignisse seit unserer Abreise. Wir mussten 27 von unseren treuen Hunden für unsere Essensrationen erschießen Hurley und Macklin haben eine Schlittenreise zum Ocean Camp gemacht, um die dort zurückgelassenen Vorräte zu holen …« Nachdem sie am 16. Januar 900 Pfund (408 Kilogramm) Vorräte sechs Meilen (9,6 Kilometer) weit über fast unpassierbares, aufgebrochenes und wieder zusammengefrorenes Eis geschleppt hatten, ruhte sich Hurley aus, während Wild seine Hunde erschoss. Hurley grämte sich über den Verlust seines Gespanns, besonders des treuen Leithundes Shakespeare, aber er wusste wie die anderen auch, dass die Hunde sterben mussten, damit die Männer überleben konnten.

Anfang Februar schlugen Worsley und Hurley vor, die zurückgelassene *Stancomb-Wills* zum Patience Camp zu holen, was einem Team von 16 Männern mit den zwei verbliebenen Hundegespannen auch gelang. Aber die Vorräte waren knapp. Es wurde immer mehr zum Problem, genug Wild zu jagen. »Heute Morgen erwischten wir eine Weddellrobbe die für ein paar Tage unseren Hunger stillen wird«, kritzelte McNish in sein kleines Tagebuch. »Wir haben noch jeden Tag ein heißes Getränk aber wir hoffen bald mehr Robben zu finden. Ich rauchte bis mir übel wurde um den Hunger zu betäuben.«

Die Kombüse bestand aus an Rudern aufgespannten Leinenbahnen. McNish notierte, dass der Boden jeden Morgen mit frischem Schnee neu gebaut werden musste, da er durch die Hitze des Feuers immer wieder wegschmolz.

Am 29. Februar wurden zwei Weddellrobben erlegt. Um Shackletons 42. Geburtstag, der schon am 15. gewesen war, nachträglich zu feiern, und auch in Anbetracht ihres enthaltsamen Lebens, genossen die Männer einen Tag lang ihr Junggesellenmahl. Wieder zeigte sich Shackleton großzügig, bestellte Robbensteaks und die letzten getrockneten Zwiebeln zum Frühstück, Robbenleber und Hundebiskuits zum Mittagessen und einen Eintopf aus Hasenpfeffer, Robbennieren und anderen Raritäten für ein Dinner, das sie mit dem Rest ihres Kakaos hinunterspülten.

Die eisfreie See war verlockend nahe. Die Männer hofften, jeden Tag an Bord gehen zu können, mussten jedoch frustriert bis zum März 1916 darauf warten. Es geschah Tag für Tag dasselbe: Das Eis öffnete sich und schloss sich wieder. Um sich die Zeit zu vertreiben, spielten Shackleton und Hurley an den meisten Nachmittagen Poker-Patience; zu gewinnen gab es imaginäre Theaterbilletts. Am 30. März, als ihre Eisscholle in zwei Teile zerbrach, schrieb McNish: »Wir hatten die Boote und Schlitten weggeschoben & ich wollte gerade frühstücken. Als [das Eis] wieder unter der *James Caird* brach. Aber wir brachten sie herüber, bevor sie in die Rinne fiel. & während des Frühstücks kam ein Seeleopard herauf und schlief friedlich ein. Aber es war sein letzter Schlaf, denn Wild ging hinaus und erschoss ihn. Dann erschoss er den letzten unserer treuen Hunde. Seine fünf kleinen Welpen behielten wir zum Essen. Ihr Fleisch war ein Genuss … nachdem wir so lange nur Robbenfleisch hatten & die letzten 14 Tage fast gar nichts. Im Magen des Seeleoparden fanden wir 20 Fische & die werden wir morgen zum Frühstück essen …«

Die James Caird *wird am 15. April 1916 am »Providence Beach« an Land gezogen. Greenstreet und Blackborow, die beide nicht mithelfen können, sitzen links im Hintergrund.*

Am Sonntag, dem 9. April 1916, nach 156 Tagen auf dem Eis, zerbrach endlich ihre kleine Eisscholle wieder, und sie bestiegen die Boote. Die Mannschaften wurden eingeteilt: für die *James Caird* Shackleton, Wild, Clark, Hurley, Hussey, James, Wordie, McNish, Green, Vincent, McCarthy; für die *Dudley Docker* Worsley, Greenstreet, Kerr, Orde-Lees, Macklin, Cheetham, Marston, McLeod, Holness; für die *Stancomb-Wills* Hudson, Crean, Rickenson, McIlroy, How, Bakewell, Stephenson.

Die Ungewissheit hielt den ganzen Morgen an. Das Eis öffnete und schloss sich wieder und wieder. Dann um ein Uhr mittags, nach einem Seehund-Eintopf, gab Shackleton den Befehl, die Boote zu Wasser zu lassen. Sie brauchten eine ganze Stunde, die 200 Kisten, darunter Hurleys kostbare Platten, das Album und die Filme, zu verstauen. Die *Caird* unter Shackleton fuhr als Erste los. Als sie zwischen mächtigen Eisbergen drei Meilen (4,8 Kilometer) nach Norden gerudert waren, kamen die Boote in den Windschatten des Packeises, wo sie eine tückische Flutwelle überraschte, jagte und beinah überrollte. Sie entkamen nur durch kräftezehrendes Rudern. Nachdem sie sieben Meilen (11,2 Kilometer) zurückgelegt hatten, kampierten sie in der Dämmerung auf einer Eisscholle, die in der schweren See hoch und nieder schwankte. Der Traum war wahr geworden, aber ein ruhiger Schlaf blieb ihnen verwehrt. Um Mitternacht zerbrach ihre Eisscholle in zwei Hälften und trennte Shackletons Zelt und die *Caird* vom übrigen Lager. Sie teilte auch das Lager der Matrosen. How und Holness fielen ins Wasser, wurden aber sofort von Shackleton gerettet. Holness, froh, am Leben zu sein, hatte nur eine Klage: Er hatte seinen Tabak verloren! Die Mannschaft wurde wieder versammelt, die Namen verlesen: Alle waren da. Ein Walspeckfeuer wurde angezündet und die Zelte abgebaut. Den Rest der langen, kalten Nacht verbrachten sie in Erwartung des Morgens.

Um acht Uhr früh stiegen sie wieder in die Boote. An diesem Tag blies ein stürmischer Wind, der in der Dämmerung in einen Schneesturm aus Nordosten überging. Er schnitt wie mit scharfen Messern durch die abgerissene Kleidung der Männer. Durchgefroren, über 48 Stunden ohne Schlaf zogen sie ihre Boote auf eine alte 20 Yard (18 Meter) breite Eisscholle, auf der sie aßen, kampierten und in ihre Schlafsäcke krochen. Am folgenden Morgen, dem 11. April, bot sich ihnen beim Erwachen ein Furcht einflößender Anblick: Enorme, eine halbe Meile (800 Meter) lange Ozeanwogen mit Eisbergen brandeten an ihre Eisinsel. Um ein Uhr mittags, als ihre Scholle sich beträchtlich verkleinert hatte und alle darauf vorbereitet waren, sich voneinander zu verabschieden, lag offenes Wasser vor ihnen. Die Boote wurden zu Wasser gelassen und beladen – das sollte ihre letzte Nacht auf einer Eisscholle gewesen sein. Nach den Ereignissen der letzten zwei Nächte war Shackleton entschlossen, auf dem Meer zu bleiben.

Hungrig, fast wahnsinnig vor Durst, durchgefroren bis auf die Knochen und unfähig zu schlafen, kämpften sie während der nächsten fünf Tage in ihren eisverkrusteten Booten gegen hohe Wellen, eisige Temperaturen, Packeis, Diarrhö und Seekrankheit. Kurzum: Aufgrund der Unberechenbarkeit des Windes und der Strömung waren sie verloren. Häufige Richtungsänderungen, sinkende Moral der Mannschaft und die Angst, von Schwertwalen, die nachts in der Nähe der aneinander gebundenen Boote auftauchten und bliesen, umgestoßen zu werden, waren die Folge. Wie durch ein Wunder sichteten sie schließlich in der Morgendämmerung des 14. April in 30 Meilen Entfernung Elephant Island. Sie legen sich in die Ruder und näherten sich gegen drei Uhr nachmittags bis auf zehn Meilen. Sie sahen tatsächlich Berge! Doch eine Küstenströmung hinderte sie daran, an Land zu gehen, so dass sie erneut eine Nacht in den Booten verbringen mussten – in einem Schneesturm, in dem die *Docker* außer Sicht geriet. Während man sie verloren glaubte, landeten die *Caird* und die *Wills* am 15. April auf Elephant Island – gerade noch rechtzeitig, denn mehrere der Männer waren dem Tode nahe. Schließlich wurde auch die *Docker* wieder gesichtet. Alle waren in Sicherheit!

Elephant Island, 15. April 1916. Land – und alle sind am Leben! Die erste Berührung mit festem Boden nach einer schrecklichen – und außergewöhnlichen – siebentägigen Ozeanreise in den denkbar kleinsten Booten.

Die relativ flache Anlegestelle war wegen der Gezeitenschwankungen unsicher, weshalb Wild am nächsten Tag im Boot losgeschickt wurde, um einen besseren Platz zu suchen. McNish brachte, mit bemerkenswerter Zeichensetzung, die Situation auf den Punkt: »[Blackborows] Zehen sind hin. Den Übrigen geht es sehr gut. Nur Hudson hat den Verstand verloren & seine beiden Hände sind ziemlich schlimm. Wild & seine Gruppe kehrten um 8.30 zurück. Also sind wir alle ausgerückt & haben das Boot hochgezogen. Er berichtete von einem schönen Platz 7 Meilen entfernt, wohin wir morgen umziehen werden.« Am folgenden Tag fuhr McNish fort: »Montag der 17. Wir rückten zeitig aus & ließen die Boote bei Flut zu Wasser … direkt in die Mitte eines schweren SW-Sturms … danach gab es nur noch mehrere heftige Schneeschauer. Die uns alle Hände voll zu tun gaben um dagegen zu halten & zu verhindern dass wir auf das Meer hinausgeweht wurden …« Am nächsten Tag notierte McNish im neuen, »Cape Wild« genannten Lager: An »Wilds Geburtstag tobte ein Schneesturm … Das Zelt Nr. 5 wurde zerfetzt & alle stürzten sich auf die Schlafsäcke & hielten sie mit großen Steinen fest.« »Donnerstag 20. April«, fuhr er fort, war »ein ruhigerer Tag mit gelegentlichen Schneeschauern. Ich glaube nicht, dass es auf dieser gottverlassenen Insel noch viele schöne Tage geben wird. Begann die Docker abzuwracken, um die Caird auszurüsten, die zum Entsatz South Georgia erreichen soll, denn ich glaube nicht, dass viele hier einen Winter überleben können.« Shackleton hatte sich für das einzig Mögliche entschieden. Er wollte die *James Caird,* ein Walfängerboot, das nicht größer war als ein Grand-Banks-Ruderboot

(23 Fuß/7 Meter), nach South Georgia steuern, quer über das kälteste, sturmgepeitschteste Weltmeer. Er rief seine Männer zusammen und fragte nach Freiwilligen. Er wählte Worsley, McNish, John Vincent, Tim McCarthy und Tom Crean, die unbedingt mitfahren wollten. Viele, auch Shackleton selbst, zweifelten, ob sie die Reise überleben würden. Für die Dauer von 18 Monaten übertrug er Hurley schriftlich die Rechte an den Fotoaufnahmen und Filmen, für den Fall seines Todes sollten sie danach sein Eigentum werden. Shackleton setzte auch für Frank Wild ein Schreiben auf, in dem er ihm die auf Elephant Island Gestrandeten anvertraute. Zudem bat er, dass Wild, Hurley und Orde-Lees den Expeditionsbericht verfassten.

Am Ostermontag, dem 24. April 1916, bemerkte Worsley um elf Uhr morgens eine offene Stelle im Eis. Als McNish die Ausstattung der *Caird* mit Venestaholz und Leinwand fertiggestellt hatte, wurde sie zu Wasser gelassen. Nachdem McNish und Vincent noch über Bord gingen und die *Caird* an einigen küstennahen Felsen vorbeitrieb, an denen sie beinahe zerschellt wäre, konnte sie mit einer langen Fangleine gesichert und von der *Wills* aus beladen werden. Zur Ladung gehörten McNishs Breitbeil, ein Primuskocher, Shackletons Schrotflinte, 36 Gallonen (164 Liter) Wasser, 112 Pfund (50,8 Kilogramm) Eis und etwa eine Tonne Gestein als Ballast. Auch einige von Hurleys Fotos kamen an Bord, vermutlich in der Kiste, die Orde-Lees am Morgen für Worsleys Logbücher angefertigt hatte. Dass eines dieser Fotos am 10. Juli 1916 im Londoner *Daily Mirror* erschien, zählt zu den bemerkenswertesten Details dieser Expedition. Als die *Caird* zur Abfahrt bereit war, kam Shackleton an Land, rauchte mit Wild eine Zigarette, verabschiedete sich von den Männern und wurde zum wartenden Boot zurückgerudert. Mit gehissten Segeln fuhr es nordwärts und war wegen der hohen Wellen bald außer Sichtweite. »Losgesegelt um 12.30«, notierte Worsley an diesem Abend in dem winzigen, voll gestopften Laderaum der *Caird*. »Herzliche, ermunternde Rufe der Männer am Ufer, die wir lautstark erwiderten. Frische Brise aus WNW …«

Worsleys Aufzeichnungen während der Fahrt der *Caird* sind wegen ihrer Kürze aufschlussreich. In den Camps schrieb er gewöhnlich jeden Tag eine ganze Seite, aber an Bord der *Caird* berichtet er außer von stellaren Beobachtungen sehr wenig. Eine Ausnahme bildete der 1. Mai 1916, ein Datum, an dem die *Caird* fast die Hälfte ihrer Fahrt zurückgelegt hatte: »Koppelung 0° Ost 30 Meilen [48 Kilometer]. 57° 11′ S 48° 1′ W Drift. Mäßiger Sturm aus SSW; schwere, bewegte See; Schiff liegt mit Treibanker; schwer vereist. Bedeckt.«

Die James Caird *wird am Ostermontag, dem 24. April 1916, zu Wasser gelassen.*

17 schreckliche Tage in bitterer Kälte, nass bis auf die Knochen, in einem Boot gefangen, das stampft, rollt und hin und her geschleudert, von riesigen Wellen überspült und oft weggedreht wird und auch noch vereist – für Shackleton und seine Mannschaft bedeutete jede Minute eine Ewigkeit. Jeder Tag war gleich, ein entsetzlicher, eiskalter Albtraum.

Worsleys Aufzeichnungen erwähnen nicht die »große Woge«, die für alle beinahe das Ende bedeutete. Doch nachdem sie das Unmögliche geschafft hatten – in einem 23 Fuß (7 Meter) langen Boot 800 Meilen (1280 Kilometer) über den südlichen Atlantik zu segeln und am Mittwoch, dem 10. Mai 1916, ohne Trinkwasser auf der »falschen« Seite von South Georgia zu landen, nachdem sie einen Hurrikan überstanden hatten, in dem ein großes Dampfschiff mit der gesamten Besatzung ganz in der Nähe unterging –, brachte Worsley sein Tagebuch auf den letzten Stand: »Eines Nachts, ich war gerade von Sir Ernest am Ruder abgelöst worden & kroch in meinen [steif gefrorenen] Schlafsack, hörte ich ihn freudig rufen: ›Nach SW klart es auf‹, und unmittelbar danach: ›Mein Gott, es ist eine Woge, haltet euch fest!‹ Es war eine Woge! Und was für eine! Wir spürten körperlich, wie sie gegen die Breitseite krachte, an der Schlagseite entlangrollte & sich in einem Strudel aus Gischt und Wasser auflöste … Glücklicherweise war es eine Woge, die wie ein Einzelgänger versucht hatte, uns unerwartet zu erwischen & zu zerstören. Sir Ernest sagte, als ihre weiße Masse in sein Blickfeld kam, bedeckte sie ein Viertel des Horizonts und sah gegen Südwest aus wie ein weißer Himmelsstreifen. Wir schöpften schnell und kräftig Wasser, was das Boot rettete … Es dauerte fast drei Stunden, bis wir es geleert hatten …«

Diese Aufzeichnung wurde im Pegotty Camp an der Spitze der King Haakon Bay gemacht, wo die *Caird* umgekippt und mit Gras abgedeckt wurde. Mit dem frischen Fleisch und den Eiern von Albatrossen sowie einem Bach zu ihren Füßen kamen die meisten wieder zu Kräften. Vincent war jedoch zu erschöpft – und die *Caird* war nicht länger seetüchtig. Shackletons einzige Möglichkeit war, die Berge, Gletscher und gefährlichen Eisspalten im Inneren South Georgias zu überwinden – 26 Meilen (41 Kilometer) Eis und Fels zu Fuß und ohne Landkarte.

Er schrieb in McNishs Tagebuch:

»Sir,

Ich werde versuchen, Husvik an der Ostküste dieser Insel zu erreichen und Entsatz für unsere Gruppe zu holen. Ich übergebe Ihnen die Verantwortung für die Gruppe bestehend aus Vincent, McCarthy und Ihnen selbst. Sie werden hier bleiben, bis Hilfe kommt. Sie haben als Nahrung genug Robbenfleisch, das sie mit entsprechender Geschicklichkeit mit Vögeln und Fischen ergänzen können. Sie erhalten ein doppelläufiges Gewehr. 50 Patronen. 40 bis 50 Schlittenrationen Bovril. 25 bis 30 Zwieback. 40 Streimers Nusspaste.

Sie haben auch die nötige Ausrüstung, um eine unbestimmte Zeit zu überleben. Im Falle, dass ich nicht zurückkehre, ist es besser, wenn Sie nach dem Winter versuchen, rund um die Ostküste zu segeln.

Der Kurs, den ich nach Husvik nehme, ist Ost-magnetisch.

Ich vertraue darauf, euch in wenigen Tagen zu retten.

Mit besten Grüßen

EH Shackleton

H McNish«

Im Licht eines klaren Vollmondhimmels – eine Seltenheit auf South Georgia – ließen Shackleton, Worsley und Tom Crean um vier Uhr morgens des 19. Mai 1916 die bekannte Welt hinter sich. Nach einem Tag des Herumirrens und erschöpfenden Kletterns durch schweren, matschigen Schnee saßen sie auf einem hohen Kamm, umhüllt von dichtem Küstennebel. Es wurde schnell dunkel. Shackleton beschloss, aus dem Seil, das sie gegenseitig sicherte, einen »Schlitten« zu bauen – oder sie würden erfrieren. Auf dem zusammengerollten Seil sausten sie in das schwarze Nichts unter ihnen; Worsley schrieb später, dass er nie in seinem Leben mehr Angst gehabt hatte. Nachdem sie mehrere 100 Fuß nach unten gestürzt waren, landeten sie in einer Schneewehe, klopften sich ab und marschierten weiter – getrieben von Verzweiflung und dem puren Willen, diese Unterwelt aus zerklüfteten Gipfeln und steilen Hängen mit glattem blauem Eis, die sich ihnen nach jeder Kehre erneut bot, zu besiegen.

36 zermürbende Stunden nach dem Abmarsch von Pegotty Camp tauchten vor der Tür eines geschockten Thoralf Sørlle drei fürchterlich abgerissene Männer aus der Antarktis auf. Sie hatten total zerklüftetes Gelände durchquert, nur

mit einem 50 Fuß (15,2 Meter) langen Seil, einem Zimmermannsbeil als Steiggerät und Bootsschrauben an ihren Stiefeln als Steigeisen. Sie kamen in eine Welt, die verrückt geworden war. In Europa starben Millionen. Sie brachten nur Worsleys Tagebuch mit. Ihre wenigen Schlittenrationen waren aufgebraucht; an diesem Morgen, da sie von Stromness her die Pfeife – den ersten Laut der Zivilisation seit 18 Monaten – hörten, mit der die Station zur Arbeit rief, hatten sie den Primuskocher weggeworfen. Bald danach wurde auch das Seil aufgegeben, mit dem sie in einem Wasserfall abgestiegen waren, an dessen Grund sie durchnässt und halb erfroren ankamen. Dann durchbohrte sich Crean beinah mit dem Beil. Das war der letzte Gegenstand, der fortgeworfen wurde. Eine vor kurzem erschienene Dokumentation der *Endurance*-Expedition berichtet von drei gut ausgerüsteten und mit Proviant versorgten erstklassigen Bergsteigern, die den Marsch von Pegotty Camp nach Stromness nachvollzogen. Sie benötigten dafür drei Tage.

Halb Stromness war bei ihrem Anblick vor Schreck geflohen. Sørlle, der glaubte, betrunkene Walfänger vor sich zu haben, knurrte: »Wer zum Teufel sind Sie?« Der Mann in der Mitte trat vor: »Mein Name ist Shackleton«, antwortete er. Als er das hörte, kamen Sørlle, wie erzählt wurde, die Tränen. In zerrissener, tranverschmierter Kleidung, durch Frostbeulen schrecklich entstellt und total abgemagert, tranken Shackleton, Worsley und Crean in Sørlles Wohnzimmer Kaffee. Hier erfuhr Shackleton neben vielen anderen Nachrichten, dass die *Aurora* sich aus ihrer Verankerung gerissen und seine Rossmeer-Gruppe in eine unangenehme Lage gebracht hatte. Die musste er also auch noch retten.

Aber Elephant Island hatte Vorrang. So erschöpft er auch war, noch in derselben Nacht suchte Ernest Shackleton, frisch gebadet, gut gesättigt und warm bekleidet, nach einem Rettungsschiff, während Worsley im Walfänger *Samson* lossegelte, um McNish, McCarthy und Vincent zu holen. Am Morgen, nachdem die Besatzung des Pegotty Camp und die *James Caird* eingelaufen waren, schrieb Søren Berntsen, Manager in Husvik, seiner Frau: »Es ist unglaublich, dass jemand in dieser Jahreszeit in einem kleinen Boot von South Shetland bis hierher überleben konnte. Shackleton und zwei andere schliefen hier [22. Mai 1916], und ich hörte die beiden im Schlaf schreckliche Geräusche machen – sie dachten, sie wären in ihrem kleinen Boot auf See.«

Am 23. Mai schrieb Worsley: »Nachdem Sir Ernest für McCarthy, McNish und Vincent mit dem nächsten Dampfer die Rückkehr nach Europa vereinbart hatte, starteten er, Crean und ich von Husvik aus im Walfangschiff *Southern Sky* unter Kapitän Thom. Unsere Decks lagen beinahe unter Wasser, da wir so viel Kohle gebunkert haben, um nach Elephant Island & nach der Rettung unserer Männer zur Telegrafenstation auf den Falkland-Inseln zu kommen.« Aber das Eis ließ sie nicht durch. Sie kehrten nach Port Stanley zurück und starteten mit der *Instituto de Pesca 1* einen weiteren Versuch. Mitte Juni versperrte ihnen 18 Meilen (29 Kilometer) vor Elephant Island das Packeis erneut den Weg. Dann kam auch noch Nebel auf. Wieder kehrten sie nach Port Stanley zurück, die Maschinen klopften mit letzter Kraft.

Shackleton fuhr nach Punta Arenas in Südchile, wo man für ihn 1500 Pfund sammelte, um einen alten Eichenholz-Schoner, die *Emma,* zu chartern und auszurüsten. Er legte am 12. Juli ab; eine Teilstrecke wurde er von einem kleinen, rostigen Dampfer, der *Yelcho,* geschleppt. Das Wetter war widerwärtig, und die *Yelcho* kehrte bald in den Hafen zurück. Die Maschinen der *Emma* setzten immer wieder aus. Der Wind kam direkt von vorn, und das Eis war schlimmer denn je zuvor. Schließlich musste die *Emma* umkehren. Ein Bericht vom 1. September 1916 im *Buenos Aires Herald* meldete,

Das ausführliche Tagebuch, das Frank Hurley während der gesamten Expedition begleitete.

Die fertige »Hütte« auf Elephant Island, bevor der Schornstein gebaut und eingesetzt wurde.

dass Shackleton bei der Rückkehr in den Hafen »an Land geholfen werden musste. Er litt an Rheumatismus, Krämpfen, Unterkühlung, der Feuchtigkeit, der Kälte und den Sorgen. Er schien völlig fertig zu sein …« Fast unmittelbar darauf bot ihm die chilenische Regierung die *Yelcho* an, das einzige verfügbare Schiff.

Um diese Zeit hatten die Männer auf Elephant Island alle Hoffnung auf Rettung aufgegeben. Die ersten Tage ohne Shackleton waren die schrecklichsten gewesen. Um dem tobenden Sturm, den herumfliegenden Eisstücken und den eisigen Temperaturen zu entgehen, hatten sie begonnen, in einen nahen Gletscher eine Höhle zu hacken. Das hatte aber wenig Sinn, weil sie alle von oben durchnässt wurden. Am 28. April errichteten sie eine »Hütte«, indem sie die *Wills* und die *Docker* umgedreht auf zwei vier Fuß (1,20 Meter) hohe Steinwälle im Abstand von 18 Fuß (5½ Meter) legten, was sie alle Kräfte kostete. Sie deckten die Wände mit Segeltuch ab, waren aber am nächsten Morgen mit Schnee bedeckt. Hurley, James und Hudson, die noch in Shackletons Zelt wohnten, ging es besser, aber auch nicht lange. Am 30. April besserte sich das Wetter etwas, so dass sie an der »Hütte« weiterarbeiteten. Am Abend nannten sie alle ihr Zuhause.

Enthäuten von Robben, die auf Elephant Island als Nahrung dienten.

So sollte es die nächsten fünf Monate bleiben: Schnee, Wind und eisige Temperaturen. Die Tage summierten sich zu Wochen, von der Abfahrt der *Caird* an gerechnet. Die Männer standen fast immer um neun Uhr auf, aßen gebratene Pinguin-Steaks, zogen sich in ihre Schlafsäcke zurück, um auf einen Pinguin-Eintopf als Mittagessen zu warten. Dann legten sie sich erneut in die Schlafsäcke, bis zum Abendessen (meist Robben-Eintopf), nach dem sie

»Die bunteste und ungepflegteste Ansammlung, die je auf eine Platte projiziert wurde«, notierte Hurley am 10. Mai 1916 auf Elephant Island in sein Tagebuch.

zwischen fünf und sechs Uhr abends wieder zurück in die Schlafsäcke gingen und zuhörten, wie Marston Rezepte aus seinem kleinen *Penny Cookbook* vorlas oder wie Hussey das Banjo traktierte – »mit den bekannten sechs Melodien«, wie McNish es ausgedrückt hatte.

Im Tagesablauf oder am Wetter änderte sich wenig, außer dass die Nahrungsmittel zur Neige gingen. An Tagen mit ruhigem Wetter spazierten Hurley und andere auf der Landzunge umher. Sie formten aus Schnee üppige Frauenstatuen oder spielten Kricket mit Steinen als Bälle und Stöckchen als Tore. Während eines solchen Ausgangs Anfang Juni, als ihr zweiter antarktischer Winter kalt und abweisend einsetzte, gelang es Holness, eine Makrele mit bloßen Händen zu fangen. Er zerriss sie auf der Stelle und aß sie roh.

Der 15. Juni war vermutlich der aufregendste Tag der erzwungenen Gefangenschaft in Cape Wild: Blackborows linke Zehen wurden amputiert. Sie fielen von einem Bett aus Kisten, auf dem er mit Äthernarkose lag, direkt in den Eimer darunter. Trotz des Regens wurden alle, außer den beiden Ärzten, Wild, Hurley und How, für drei Stunden aus der Hütte geschickt, um sich abzulenken – was sie auch taten, indem sie sich in einer Höhle gegenseitig die Haare schnitten. Als am Abend Blackborow aufwachte, sangen sie Lieder, um die erfolgreiche Operation zu feiern.

Der 22. Juni, der Tag der Wintersonnenwende, war warm und mild und wurde mit ausgiebigen Extrarationen bei allen drei Mahlzeiten gefeiert. Das Mittagessen wurde aus schimmliger Nusspaste und Schlittenrationen gekocht, das Abendessen bestand aus einem heißen Eintopf mit verschiedenen Fleischsorten, einem halben Pfund (227 Gramm) Zucker und vier Schlittenrationen. Ein »Rauchkonzert« schloss sich an, etwa 30 spöttische Gedichte und Lieder, viele von Husseys Banjo begleitet, erklangen aus den Schlafsäcken. Nachdem die Lichter aus waren, schnarchte Orde-Lees, voll bis oben hin, so laut, dass man ihn am Kopf stoßen musste.

Als jedoch die trostlosen Tage des Wartens kein Ende nahmen und es allmählich Frühling wurde, überkam die Männer Mutlosigkeit. Es gab viele Spekulationen über den Namen des Rettungsschiffs und sein Ankunftsdatum – vorausgesetzt, Shackleton war bis South Georgia gekommen. Die wenigen Optimisten, die es noch gab, einigten sich auf den 16. August als Tag ihrer Rettung. Das Schiff, so meinte man, wäre die *Aurora*. Aber die *Aurora* hatte eigene Probleme. Montag, der 16. August, war bedeckt und nass, mit einer Temperatur von 27 Grad Fahrenheit (–2,8 Grad Celsius). Danach glaubte keiner ernsthaft mehr daran, dass Shackleton noch am Leben sei.

Ende August befanden sich nur noch zwei Kisten mit Rationen in der Hütte; der Hunger kam auf sie zu. Expeditionskoch Charles Green sagte später dem Shackleton-Biografen James Fisher: »Wenn zu Beginn der Expedition jemand eine Robbe tötete, bekamen sie das Hirn als Belohnung. Aber später auf Elephant Island hungerten wir. Wir dachten schon daran, auszulosen, wer zuerst dran glauben musste. Ich sagte ihnen: ›Wer auch getötet wird, ich bin der Koch – und ich will das Hirn …‹« Frank Wild blieb keine andere Wahl, als die Rettung der Männer auf Elephant Island unter seinem Kommando zu organisieren. Am 29. August vermerkte Orde-Lees: »Wild … und vier andere Teilnehmer sollen in der *Dudley Docker* ablegen und auf der Leeseite des Landes vorsichtig von Insel zu Insel der South Shetlands fahren, sich dabei stets in der Bransfield Straits längs der Südufer halten, bis sie Deception Island erreichen [wo sie sicher auf Walfänger treffen] …«

Gegen Mittag des nächsten Tages waren Hurley und Marston am Strand und öffneten Napfschnecken, die sie mit Stöcken aufgespießt hatten. Napfschnecken waren eine neue Delikatesse auf Elephant Island, die besonders gut schmeckten, wenn sie mit Algen zu einem Gelee verkocht wurden. Die Männer schauten über das fast eisfreie Meer, ein wirklich seltener Anblick, und Marston sah ein … Schiff? Er müsse sich irren, entgegnete Hurley. Was er sähe, so Hurley, sei ein Eisberg. Beide schauten wieder hin – und riefen sofort: »Schiff ahoi!« Aber keiner in der Hütte verstand ihre undeutlichen Rufe. Da stürmte Marston den Pfad hinauf zum »Sty« (Schweinestall) und rief immer wieder die neue Nachricht.

Hurley trug etwas Paraffin zusammen und eine Hand voll Sennegras. Als er das Streichholz anzündete, kam es zu einer Explosion, die wie Kanonendonner über das Wasser dröhnte. Die *Yelcho* gab ihr Antwortsignal, und ein Boot wurde ins Wasser gelassen. Shackleton kam an Land und warf ihnen Zigaretten und Tabak zu. Wie kleine Schulkinder bejubelten sie sein Kommen. Wild lud ihn in die Hütte ein, aber Shackleton wollte unbedingt weg. In weniger als einer Stunde waren sie fort. Nachts an Bord der *Yelcho*, die wie ein Korken auf den Wellen des großen Ozeans hin und her schlingerte, waren alle seekrank – und hysterisch vor Glück.

Als sie am 3. September 1916 um 11.30 Uhr in Punta Arenas einliefen, drängten sich 8000 Menschen auf den Piers. Die Kapelle spielte, als sie an Land kamen und in ihren schmutzigen Kleiderfetzen durch die Stadt marschierten. Die Menge

Die Yelcho *erreicht Elephant Island, 30. August 1916.*

drängte sich um sie, und sie wurden dem Gouverneur vorgestellt. Die Feiern zogen sich tagelang hin. Hurley, von Natur aus arbeitswütig, schimpfte über die vielen gesellschaftlichen Verpflichtungen. Er hielt sich lieber in der kleinen Dunkelkammer eines ortsansässigen Fotografen auf, wo er am Abend des 4. September entdeckte, dass fast alle Negative und Filme die Tortur überlebt hatten und Abzüge gemacht werden konnten. Fünf Monate später rüstete Hurley in London eine neue Fahrt nach South Georgia aus, um seine Expeditionsfotos und -filme durch Szenen aus der Tierwelt zu ergänzen. Er traf am 25. März 1917 in Leith Harbour ein und reiste einen Monat später mit befriedigendem Ergebnis wieder ab: 100 Paget-Farbplatten, zahlreiche Monochromabzüge und 4000 Fuß (1219 Meter) Film.

»Alle gerettet und wohlauf! Ein Heldenepos«, schrieb der *Buenos Aires Herald* am 5. September 1916 treffend. »Lebte Shackleton zur Zeit der Wikinger, würden die Barden eine Saga zu seinem Lobpreis dichten und sie im Nordland am prasselnden Feuer in den großen Hallen der Mächtigen singen. Sie würden singen, wie er bei drei Versuchen hintereinander, von Sturm & Eis verhöhnt, umkehren musste. Die heutige Welt denkt vielleicht zu sehr an den Nutzen, um die Abenteuer Shackletons und seiner Begleiter auf solche Weise zu verewigen. Man will nur reich werden und hält nichts für wertvoll, was nicht dazu beiträgt. Vielleicht war diese Heldentat so kühn wie eine von Homer & den nordischen Skalden oder von einem Troubadour besungene: & die Welt muss doch noch ihren wahren Wert begreifen.«

Leider konnte Shackleton die vielen Ehrungen, die ihm jetzt zuteil wurden, nicht genießen – die Opfer des Rossmeer-Desasters riefen nach ihm. Er und Worsley verließen am 8. Oktober 1916 Buenos Aires mit dem Zug. Sie fuhren mit dem Dampfer nach New Orleans, dann mit dem Zug nach San Francisco und gelangten an Bord der *S. S. Moana* nach Wellington, Neuseeland, um Rettungsoperationen einzuleiten. Weil Shackleton ursprünglich geplant hatte, seinen transkontinentalen Treck an der Vahsel Bay zu beginnen, war die *Aurora* nahe dem Cape Evans gelandet, der alten Basis der *Nimrod,* wo die Rossmeer-Mannschaft Anfang 1915 bis 80 Grad südlicher Breite erfolgreich Depots anlegte. Shackletons weitere Anordnungen sahen vor, dass im Frühling nahe dem Beardmore-Gletscher zusätzliche Depots errichtet werden sollten, falls er im Herbst 1915 nicht erschiene. Daher war die *Aurora* nur teilweise entladen, als sie am 7. Mai 1915 aus ihrer Verankerung gerissen wurde und wegtrieb. Nach vielen Bergungsversuchen und unter großer Gefahr lief das leckgeschlagene Schiff in Port Chalmers ein. Inzwischen ertrugen die zehn am Ufer gestrandeten Männer mit geringen Vorräten, unpassender Kleidung und unzureichender Unterkunft den Winter. Mackintosh und zwei andere Männer starben, die sieben Überlebenden wurden von Shackleton mit der neu ausgerüsteten *Aurora* unter dem Kommando von John King Davis am 10. Januar 1917 gerettet. Dieses Datum bezeichnet das wirkliche Ende der *Endurance*-Geschichte.

Paget-Platten

Eine in Großbritannien hergestellte Paget-Farbausrüstung bestand aus einem Pack panchromatischem Schwarzweißfilm, einem Pack mechanischer Farbraster – jeder Raster war für ein Bild einmalig und nicht austauschbar – und einem Pack Filterraster.

Die 32 Paget-Farbplatten, die die Expedition überstanden, zeugen vom damaligen Entwicklungsstand der Fototechnik. C. F. Findlays Paget-Raster-Farbverfahren basierte auf Lumières Autochromem Kornrasterverfahren. Um die Rasterelemente herzustellen, wurden drei gleiche Mengen Kartoffelstärke rot, grün und blauviolett gefärbt. Die gefärbten Körner wurden dann gemischt und auf eine mit einem klebrigen Überzug bedeckte Platte aufgetragen. Die überflüssigen Körner bürstete man ab, jene, die auf der Platte haften blieben, wurden flach gedrückt. Etwaige kleine Lücken füllte man mit Kohlestaub. Diese Mosaikschicht wurde mit einer dünnen panchromatischen Emulsion überzogen. Die so bearbeitete Platte wurde belichtet, wobei das Mosaik sich ganz dicht am Kameraobjektiv befand. Eine genaue Beschreibung dieses Verfahrens gibt Brian Coe*, Cameras: from Daguerreotypes to Instant Pictures (Kameras von der Daguerreotypie zum Sofortbild).*

Schiffsbesatzung
Weddellmeer-Gruppe

Name	Spitzname	Geburtsland	Rang
Sir E. Shackleton	Boss	Irland	Expeditionsleiter
Frank Wild	Frankie	England	Zweiter Kommandeur
Frank Worsley	Skipper	Neuseeland	Kapitän
Hubert Hudson	Buddha	England	Navigationsoffizier
Lionel Greenstreet	Horace	England	Erster Offizier
Tom Crean	Tom	Irland	Zweiter Offizier
Alfred Cheetham	Alf	England	Dritter Offizier
Louis Rickenson	Rickey	England	Chefingenieur
Alexander Kerr	Krasky	Schottland	Zweiter Ingenieur
James McIlroy	Mickey	England	Schiffsarzt
Alexander Macklin	Mack	England	Schiffsarzt
Robert Clark	Bob	Schottland	Biologe
Leonard Hussey	Uzbird	England	Meteorologe
James Wordie	Jock	Schottland	Geologe
Reginald James	Jimmy	England	Physiker
George Marston	Putty	England	Künstler
Thomas Orde-Lees	The Colonel	England	Motorfachmann
Frank Hurley	The Prince	Australien	Fotograf
Harry McNish	Chips	Schottland	Zimmermann
Charles Green	Doughballs	England	Koch
Perce Blackborow	Blackie	Wales	Steward
John Vincent	Bo'sun	England	Vollmatrose
Timothy McCarthy	Tim	Irland	Vollmatrose
Walter How	Hownow	England	Vollmatrose
William Bakewell	Bakie	Kanada	Vollmatrose
Thomas McLeod	Stornoway	Schottland	Feuerwehrmann
William Stephenson	Steve	England	Feuerwehrmann
Ernest Holness	Holie	England	Feuerwehrmann

ZWEITER TEIL
DAS PERFEKTE BILD: JAMES FRANCIS HURLEY

DAS PERFEKTE BILD: JAMES FRANCIS HURLEY

Gael Newton

James Francis (Frank) Hurley wurde am 15. Oktober 1885 in Glebe, einem Vorort von Sydney, New South Wales, als drittes von fünf Kindern einer Arbeiterfamilie geboren. In den 80er-Jahren war Glebe dicht bebaut mit Arbeiterunterkünften, mehrstöckigen Häuserreihen und klassizistischen Villen für die wohlhabenderen Mittelstandsfamilien. Die Hurleys lebten in kleinen Häusern und zogen mehrfach um.

Der Name Hurley taucht oft in Verbindung mit dem Bergbau im Westen von New South Wales auf, doch Franks Vater, Edward Harrison Hurley, hatte in Australien Schriftsetzer gelernt und arbeitete 1885 in der Regierungsdruckerei von New South Wales. Wie viele andere Australier kam Edward Hurley aus England. Er war in Lancashire geboren worden, die Familie ist aber vermutlich irisch-katholischen Ursprungs. Die Vorfahren von Franks Mutter, Margaret

Hurley mit seiner Filmkamera 1917 auf South Georgia. Er kehrte nach seiner Rettung von Elephant Island im Jahr 1916 nach South Georgia zurück, um seine Fotografien von der Endurance-Expedition zu ergänzen.

Harbour Bridge in Sydney, vom Circular Quay aus gesehen, um 1940. Diese Silbergelatineaufnahme ist ein Beispiel für Hurleys zusammengesetzte Bilder. Die Wolken wurden eingefügt, um den gewünschten Effekt zu erzielen.

Bouffier, waren Weinhändler aus Elsass-Lothringen, die nach Cessnock eingewandert waren, einem Bergbaugebiet im ländlichen New South Wales. Die Familie scheint sich nicht sehr auf ihre irische Herkunft berufen zu haben und ihre Mitglieder waren wohl auch keine praktizierenden Katholiken. Hurley senior, wortgewandt und aktiver Gewerkschaftler, arbeitete eine Zeit lang als Sekretär der New South Wales Typographer's Association und hoffte, dass Frank in einen gehobenen Beruf aufsteigen würde. Frank träumte jedoch eher von Abenteuern auf See oder hinter den Blauen Bergen westlich von Sydney als von sozialem Aufstieg. Er war weder ein begeisterter noch ein regelmäßiger Schulgänger. Aber das war nicht ungewöhnlich, denn obgleich in Australien seit den 80er-Jahren Schulpflicht bestand, war es üblich, ihr nicht nachzukommen. Die meisten Kinder verließen die Schule im Alter von 13 oder 14 Jahren, um zu arbeiten. Frank war jedoch ein eifriger Leser, und wahrscheinlich weckten die damals so beliebten Kinderausgaben von Gedichten und Romanen seine Abenteuerlust. Diese romantischen Geschichten berichteten von Mut, Ehre und Selbstaufopferung, die jenen abverlangt wurden, die das Glück hatten, zum Britischen Empire zu gehören. Frank war dem Typ des romantischen Helden nicht unähnlich: Er war groß, stark und sah mit seinen strahlend blauen Augen und seinem

»Power and Speed«, um 1910. Aus The Lone Hand, *2. Januar 1911.*

dunklen Lockenkopf gut aus. Zudem war er unerschrocken, entschlossen und nicht auf den Mund gefallen – was er vielleicht von seinen irischen Vorfahren geerbt hatte.

Im Jahr 1898 – so erzählte er später – fürchtete er eines Tages die Folgen seines regelmäßigen Schwänzens, verließ die Schule und fuhr schwarz mit einem Güterzug in Richtung Berge. Nach verschiedenen Abenteuern landete er in der Bergwerksstadt Lithgow, etwa 85 Meilen (140 Kilometer) westlich von Sydney, wo er schnell als Gehilfe in der Maschinenschlosserei einer Eisenhütte Arbeit fand. Frank war nie ein kompromissloser Rebell gewesen und schrieb sofort seinen Eltern – und erhielt ihr Einverständnis zu bleiben. Er arbeitete gern in der Fabrik, fand aber als Stadtjunge auch an Wanderungen im Buschland und möglicherweise erstmals an der Fotografie Spaß. Wie er sich später in *Argonauts of the South* erinnerte, wurde ihm in dieser Zeit der Lieblingsspruch seines Vaters, »Ich werde einen Weg finden oder ihn machen« – eine Zeile aus einem mitreißenden Gedicht jener Tage –, zum Motto. Er verband es mit einem eigenen, von Marcus Aurelius inspirierten: »Solange du nicht geschlagen bist, musst du gewinnen.«

DER ZAUBER DER FOTOGRAFIE

Nach einigen Jahren in Lithgow kehrte Hurley nach Sydney mit dem vagen Plan zurück, als Ingenieur zur See zu gehen. Während er verschiedene Jobs ausübte, besuchte er Abendkurse für eine Technikerausbildung.

Es war vermutlich um 1904, als er am Telegrafenamt, wo er das Arbeiten mit elektronischen Geräten lernte, den Zauber der Fotografie für sich entdeckte. Später schrieb er in ein Tagebuch: »Als ich während des Entwicklungsprozesses zum ersten Mal das Wunder der chemischen Reaktion auf dem unsichtbaren Bild sah, wurde mir klar, dass ich die für mich passende Tätigkeit gefunden hatte und, sollte ich darin erfolgreich sein, auch den Schlüssel, der mir vielleicht das Tor zu einer unentdeckten Welt öffnen würde.«

Solch fast mystisch anmutende Schlüsselerlebnisse waren an der Wende zum 20. Jahrhundert nicht ungewöhnlich, einer Zeit, in der die Amateurfotografie boomte und Postkarten groß in Mode kamen, die die erstaunlichen Ergebnisse der Fotografie in jedes Heim brachten.

Hurley bemühte sich, Menschen zu finden, die ihm die Techniken der Fotografie beibringen konnten. Sein engster Freund, Henri Mallard, war ein gleichaltriger junger Mann, der in Australien als Sohn französischer Eltern geboren war. Er arbeitete in Harrington's Pty. Ltd, einem großen Lieferanten von Fotoausrüstung in Sydney. Um 1904 hatte sich Mallard der Fotografie zugewandt, und die beiden jungen Enthusiasten verbrachten die Wochenenden auf Exkursionen und beim Entwickeln ihrer Aufnahmen in einer Dunkelkammer, die Hurley zu Hause in Glebe eingerichtet hatte.

Hurleys erstes veröffentlichtes Foto erschien am 21. Juni 1905 in der *Australasian Photo-Review*. Es war die Großaufnahme einer enormen Welle, die sich am Kliff von Manly brach. Bei den damaligen langsamen Emulsionen ein schwieriges Motiv, das ohnehin gefährlich einzufangen war. In den folgenden Jahren wurde Hurley bekannt für spektakuläre Aufnahmen, die Risiko und Mut verlangten und auch technisch eine Herausforderung darstellten.

DER NEUE BERUF

Hurley brachte es schnell vom Amateur- zum Berufsfotografen. In Sydney und Umgebung erlebte das Postkartengeschäft einen gewaltigen Aufschwung, so dass er 1908 mit der finanziellen Hilfe seiner Eltern eine Partnerschaft mit dem Kartenproduzenten Henry Cave einging, bei dem er vermutlich bereits als Angestellter gearbeitet hatte. Die nächsten Jahre war er damit beschäftigt, Bestellungen auszuführen und mit Neuheiten auf einem gesättigten Markt im Geschäft zu bleiben – um 1910 wurden die »Power and Speed«-Serien der Firma zu Bestsellern. Die Karten von Cave und Hurley hatten etwas Dramatisches: Die Motive waren stets vor dämmrigem Hintergrund, Sonnenuntergängen oder den hellen Lichtern der nächtlichen Stadt angelegt. Manche Karten waren auch handkoloriert.

Aus den Artikeln, die Hurley für australische Journale schrieb, geht hervor, wie er diese Zeit empfunden hat: In ihnen schildert er die Abenteuer, die er beim Fotografieren einer starken Brandung oder von in Rauch gehüllten, aus Tunneln hervorschießenden Zügen erlebte (wobei er mehr als einmal seine Kameras verlor). Um einen dieser Artikel in *The Lone Hand* vom 2. Januar 1911 zu illustrieren, wurden fünf spektakuläre Aufnahmen von Zügen abgedruckt. Es war immer ein Höhepunkt in seinen Vorträgen und Interviews, wenn er erzählte, wie er zu solchen Aufnahmen kam – und dabei sein ausgeprägtes Talent, sich in Szene zu setzen, demonstrierte.

Hurley war inzwischen als Fotograf so anerkannt, dass er in der New South Wales Photographic Society Vorträge über die technischen Schwierigkeiten von Nachtaufnahmen und die komplizierte Methode, kombinierte Abzüge herzustellen, hielt. Zusammen mit Henri Mallard und Norman Deck, einem weiteren Freund, wurde er 1910 Gründungsmitglied des Ashfield Camera Club. Im gleichen Jahr fand im Ausstellungsraum von Kodak eine Einzelausstellung seiner Arbeiten statt. 1911 gehörte er dem Komitee des überstaatlichen Salons der anerkannten New South Wales Photographic Society an und zeigte damit, dass er es in nur fünf Jahren von einem der Tausenden von Amateuren zu

Postamt von Sydney bei Nacht, von der Barrack Street aus gesehen. Kolorierte Postkarte von Cave und Hurley, um 1908.

Sich brechende Woge, Sydney, Kohledruckverfahren, 1905–1910 datiert. In dieser Zeit widmete sich Hurley dem Fotografieren von spektakulären Motiven und Szenen.

ihrem Lehrer und Juror gebracht hatte. Hurleys damalige Arbeiten ähnelten denen seiner zeitgenössischen Kollegen, den Piktoralisten, obgleich seine Bilder stärker zur Dramatik tendierten. Der Piktoralismus ist ein internationaler Stil, der seit den 90er-Jahren des 19. Jahrhunderts bei Kunstfotografen sehr beliebt war. Er zeichnet sich durch weiches, stimmungsvolles Licht und Kompositionen mit einer hohen Horizontlinie aus. Hurley machte einige Aufnahmen, die der Vorliebe australischer Piktoralisten für weichgezeichnete Bilder im Stil der impressionistischen »Nocturnes« des amerikanischen Malers James McNeill Whistler folgten. Doch im Stil der »fuzzy-wuzzies«, wie die Kunstfotografen genannt wurden, arbeitete er nur wenig. Obgleich er die dramatischen Lichteffekte und die »erzählenden« Elemente des Piktoralismus übernahm, verdankte er den Methoden, die bei der Herstellung kommerzieller Postkarten angewandt wurden, doch mehr, da sie eine Menge Tricks erforderten, um Details, Farbtöne und Wirkung des gedruckten Bildes durch Hinzufügen, Wegnehmen oder Verstärken zu verbessern.

Das Postkartengeschäft war eine direkte Reaktion auf die Nachfrage des Publikums, ähnlich der zunehmenden Verwendung von Fotografien in Zeitungen und Journalen im ersten Jahrzehnt des 20. Jahrhunderts. Karten ließen sich entweder zu Zehntausenden verkaufen oder sie waren ein Flop. Originaldrucke und Fotogravüren waren die letzte bedeutende Phase dieses Geschäfts im späten 19. Jahrhundert, als allein in Australien Hunderttausende von detaillierten und großartigen Albumindrucken verkauft wurden, um als Erinnerungsstücke und Beweise des kolonisatorischen Fortschritts in Alben aufbewahrt zu werden. Illustrierte und Zeitschriften reproduzierten Karten als die populärste Form der Fotografie sogar noch bis zum Ersten Weltkrieg. Die weite Verbreitung dieser Fotografien verstärkte auch den Wettbewerb, weshalb stets nach Aufsehen erregenden Motiven gesucht wurde.

NIEDERGANG UND AUFSTIEG

Hurley war mit seiner Situation offensichtlich zufrieden. Doch 1910 erlebte das Postkartengeschäft in Australien eine schwere Rezession. Henry Cave, sein Partner, wurde krank und stieg aus dem Geschäft aus. Hurley war gezwungen, seine Angestellten zu entlassen und in kleinere Räume umzuziehen. Dennoch hatte er sowohl bei den Kodakhändlern als auch bei Harrington's hohe Schulden. Zudem fehlte ihm die Unterstützung seines Vaters, der 1907 allzu früh gestorben war. In *Argonauts of the South* schrieb Hurley, wie er zu einer Zeit, als es ihm besonders schlecht ging und er sich von seinem Unglück übermannt fühlte, eines Abends zu seiner Wohnung hinaufstieg, »einen silbernen Strahl sah, der durch ein Fenster schien und die Treppe mit Licht überflutete« – und dabei wohl an seinen Vater gedacht hatte. Die Szene hätte aus einem Drehbuch sein können, war aber auch ein Schlüssel zu der symbolhaften Bedeutung von Wolkenbrüchen und Lichtstrahlen, die in seinen Arbeiten eine große Rolle spielten. Er fühlte eine neue Energie, die ihm den Schwung gab, »über den Berg zu kommen« – was er auch buchstäblich tat, denn bald darauf war er als offizieller Expeditionsfotograf auf dem Weg in die Antarktis.

DIE ANTARKTIS

Mit der Bekanntschaft von Dr. Douglas Mawson begann in Frank Hurleys Leben eine neue Phase. Der in England geborene Mawson war damals Leiter des Geologischen Departments an der Universität von Adelaide in South Australia. Er hielt sich kurz in Sydney auf, um die erste australische wissenschaftliche Expedition in die Antarktis vorzubereiten und seinen früheren Professor T. Edgeworth David zu treffen, der auch an Shackletons britischer Antarktis-Expedition von 1907 bis 1909 auf

Mawsons Expedition begründete Hurleys Ruf als Fotograf der Antarktis. Dieses Foto zeigt den Neumeyer-Gletscher auf South Georgia, den er auf einer späteren Expedition aufgenommen hat.

Königspinguine am Nugget's Beach, Macquarie Island, 1911. Kohledruckverfahren, aufgenommen während der Mawson-Expedition 1911–1914. Im Hintergrund die Reste des 1898 untergegangenen Robbenfängers Gratitude. Der Strand wurde von Robben- und Walfängern benutzt, in der Nähe gab es eine Pinguinölraffinerie.

Im Schneesturm, Winterquartier, Hauptlager, Cape Denison, Adélie-Land, 1912. Kohledruckverfahren, aufgenommen während der Mawson-Expedition 1911–1914. Für den Wasserbedarf im Lager werden Eisblöcke gehackt.

der *Nimrod* teilgenommen hatte. Mawson, David und ihre Begleiter hatten bereits in der Antarktis fotografiert, doch David, ein Spezialist für Stereofotografie, pochte darauf, dass die Expedition einen Berufsfotografen beschäftigte.

Hurley wollte sichergehen, einer der Kandidaten für diese Position zu werden. Seine Begeisterung war zu groß, um sich auf ein kurzes Treffen am Hauptbahnhof von Sydney zu beschränken. Er richtete es deshalb ein, bei der Abfahrt nach Melbourne im selben Abteil wie Dr. Mawson zu sitzen – so konnte er zwei Stunden lang, bis zur Station Moss Vale, mit ihm sprechen. Zwei Tage später empfing er glücklich ein Telegramm aus Adelaide, das ihm mitteilte: »Sie sind angenommen.« Mawson sagte später, dass er aus diesem kleinen Manöver auf Hurleys Entschiedenheit schloss, die ihm zusammen mit seinen bekannten technischen Fähigkeiten und seiner Fitness die Position verschaffte. Mawson suchte für die wissenschaftlichen Aufgaben und die Expeditionsbesatzung absichtlich junge, kräftige Australier und Neuseeländer. Hurleys Freund Mallard bekannte im Nachhinein, dass er zuerst für die Stellung vorgesehen gewesen wäre, aber abgelehnt und stattdessen Hurley genannt hätte. Zudem vereinbarte er mit Harrington's und Kodak, Hurleys Schulden abzuschreiben. Kodak übernahm Hurleys Räume und richtete ein 24-Stunden-Fotoentwicklungslabor ein, und David gab Hurley seine Stereokamera. Mallard sagte später, dass er Hurley damals noch einen Gefallen tun musste: Ihm beibringen, eine Filmkamera so schnell wie möglich zu bedienen. Die beiden gingen zum Üben auf die Straße und

entwickelten dann den Film. Nachdem sie aus der Dunkelkammer kamen und die entwickelten Bilder gesehen hatten, sagte Frank voller Erstaunen: »Schau, Mal, jedes ist ein perfektes Bild.« 1927 behauptete Hurley, dass seine Filmtätigkeit 1910 mit dem Filmen des Burrinjuck-Damms in New South Wales begonnen hätte. Wie dem auch sei: Frank Hurley, gerade erst Mitte zwanzig, war bereit für ein Abenteuer und brachte alle nötigen fotografischen und filmischen Kenntnisse dafür mit.

Mawson gab Hurley einen Vertrag über 300 Pfund pro Jahr und sagte ihm zu, die besten damals in Australien erhältlichen Kameras zur Verfügung zu stellen; die erste Wahl für die Ausrüstung war Kodak in Sydney. Am 2. Dezember 1911 legten Mawson und sein Team in Hobart, Tasmanien, mit der *Aurora* ab. Hurleys Begeisterung für die Fotografie war nicht immer zum Vorteil seiner Begleiter: Er brachte es fertig, einen kurzen Aufenthalt auf Macquarie Island, wo die Expedition eine Gruppe sowie Ausrüstung absetzte, zu verzögern, um eine Serie von Tieraufnahmen zu machen.

Die Reise nach Süden gestaltete sich schwierig – das Schiff traf immer wieder auf Packeis. Nach zwei Wochen fanden sie an der Küste von Adélie-Land in einer Bucht, die Mawson Commonwealth Bay nannte, einen sicheren Hafen. Anschließend fuhren sie 960 Meilen (1600 Kilometer) entlang der Küste zur West-Basis, wo sie in zwei errichteten

Trotz der friedlichen Atmosphäre, die das Wasser in manchen Teilen der Antarktis ausstrahlt, gelang es Hurley, seinen Fotografien Dramatik zu verleihen, wie auf dieser Aufnahme.

Hurleys Fotografien spiegeln deutlich wider, wie sehr er von der Schönheit der Antarktis berührt war. Die blendende Helligkeit, die er in seinem Tagebuch beschrieben hat, ist auf reflektierendes Sonnenlicht in den Bergen zurückzuführen.

Holzhütten ihr Winterquartier bezogen. Die extremen Bedingungen forderten nicht nur Hurleys ganzes fotografisches und technisches Können, sondern auch seine Kenntnisse als Maschinenschlosser und Elektriker. Dabei kam ihm sein australisches Talent, »aus wenig etwas zu machen«, bei vielen Gelegenheiten zugute.

Während der Mawson-Expedition schulte sich Hurley auch im Dokumentieren: Penibel zeichnete er alles auf, was er tat. Seine Aufzeichnungen sollten ihm aufgrund ihres bildhaften Stils noch äußerst wertvoll werden.

Nachdem der Winter vorbei war, wartete Mawson auf den Spätfrühling, um eine Reihe kleinerer Expeditionen ausschicken zu können. Hurley gehörte nicht nur wegen seiner Fotokenntnisse, sondern – und das war vielleicht entscheidender – wegen seiner positiven Haltung, Energie und psychischen Stärke einer von ihnen an. Sein Mut wurde bald auf die Probe gestellt: Am 10. November 1912 schickte Mawson eine Gruppe los, bestehend aus dem Gruppenleiter und Ingenieur Robert Bage, dem Neuseeländer und Magnetismus-Spezialisten Eric Webb sowie Hurley, die mit Schlitten über das antarktische Plateau zum magnetischen Südpol vorstoßen und dort wissenschaftliche Messungen vornehmen sollte. Das Team schlug sich trotz aller Schwierigkeiten tapfer, sah sich aber nicht imstande, sein Ziel zu erreichen. Am 21. Dezember kehrten die Männer um – nur 48 Meilen (80 Kilometer) vom Pol entfernt. Die Wetterbedingungen und ihre Situation verschlechterten sich derart, dass ihr Leben in Gefahr schien. Doch als sie bereits alles verloren glaubten, klarte das Wetter plötzlich auf, und sie sahen das Meer und die Commonwealth Bay vor sich. Hurley beschrieb, wie im dunkelsten Augenblick »ein seltsames Gefühl über mich kam, unendlich beruhigend. Irgendeine unbestimmte Macht schien neben mir zu sein und mich zu führen. In einem Zustand hoher Erregung wusste ich, dass wir durchkommen würden. Unsere erschöpften Körper, bewegungslos und mit Erfrierungen, rebellierten, aber der WILLE siegte.« Obgleich Hurley nicht religiös und den Lehren der Kirche gegenüber ziemlich skeptisch war, äußerte er später, dass die Erfahrung in der Antarktis sicher zum Glauben verhelfe.

Als im Jahr 1913 die Zeit kam, um vor Einbruch der winterlichen Schneestürme nach Australien zurückzukehren, wurde die *Aurora* für die Abreise fertig gemacht. Während die meisten der anderen kleinen Expeditionsgruppen rechtzeitig zur Commonwealth Bay zurückkehrten, trafen Mawson und sein Team nicht ein. Nachdem das Packeis anfing, sich zu schließen, entschied man abzufahren. Eine kleine Gruppe blieb zurück, um auf Mawson zu warten. Es stellte sich heraus, dass Mawsons Begleiter, der britische Marineleutnant B. E. S. Ninnis und der Schweizer Dr. Xavier Mertz, beide Hundegespannführer, umgekommen waren. Mawson selbst entging knapp dem Tod, weil er ein Proviantlager sowie die von Hurley und einem der Suchtrupps zurückgelassenen Wegangaben fand. Er kehrte allein und sehr krank zurück – er hatte sich durch den Verzehr von Hundeleber vergiftet. Mawson und die zurückgebliebenen Expeditionsmitglieder mussten einen weiteren Winter in der Antarktis verbringen und die Rückkehr der *Aurora* abwarten.

NEU ERWORBENER RUHM

Als Hurley Anfang 1913 aus der Antarktis nach Hobart zurückkehrte, war er als Forschungsreisender und Fotograf berühmt. Zurück in Sydney arbeitete er daran, einen Film fertig zu stellen und ihn auf Vorträgen zu zeigen. Mit ihm wollte er unter anderem die erneute Fahrt der *Aurora,* die Mawson zurückholen sollte, finanzieren. *Home of the Blizzard* erlebte später im Jahr in Sydney seine Premiere. Hurley hatte an seinem Vortragsstil gefeilt und gab nun mit seinen Kommentaren zum Film oder den Lichtbildern – darunter auch von Paget-Farbplatten – eine glänzende Vorstellung.

Hurley war an Bord der *Aurora,* als sie am 16. November 1913 in die Antarktis zurückkehrte. Er nützte seinen zweiten Besuch, um zehn Tage lang Flora und Fauna von Adélie-Land zu fotografieren. Mit Mawson an Bord fuhr die *Aurora* nach Australien zurück, diesmal nach Adelaide, wo Mawson bei der Ankunft als Held gefeiert wurde. Während der Zeit in der Antarktis hatte Mawsons Expedition 2000 Meilen der Küstenlinie kartografiert, und dass er bald danach geadelt wurde, schien wohlverdient.

Mit dem Abschluss von Mawsons Antarktisexpedition war Hurley arbeitslos. Da die von ihm angefertigten Fotografien der Expedition gehörten, war sein eigener Bestand zu gering, um darauf eine Karriere aufbauen zu können. Doch wieder einmal hatte er Glück – in Form eines Kollegen. Francis Birtles, ein Pionier der beschwerlichen Überland-Autofahrten, ein freiberuflicher »rasender« Reporter und Filmer, schlug Hurley vor, ihn auf einer Autofahrt in den äußersten Norden Australiens zu begleiten. Diese weite, unbekannte Region war für die meisten Australier »bush« und »outback«, und die Straßen, die im 19. Jahrhundert angelegt wurden, waren noch in ihrem ursprünglichen Zustand. Birtles hatte Zeitungsverlage gewonnen, die seine Reise finanziell unterstützten. Zudem erhielt er einen Auftrag der Australasian Films Ltd (der späteren Cinesound), Aborigines und Stationen im Outback zu filmen. Am 14. April 1914 verabschiedeten sich die beiden am Ausstellungsgelände von Sydney und machten sich auf eine Reise, die sie Tausende von Meilen durch das tropische Queensland und das Northern Territory führen würde. Bei ihrer Rückkehr im August wurden sie auf dem Martin Place in Sydney willkommen geheißen. Birtles brachte den Film *Into Australia's Unknown* 1915 heraus. Hurley behielt viele Negative von wunderschönen Aufnahmen, insbesondere über das Leben der Aborigines.

Spielgefährten – Aborigineskind und junger Hund, im Norden Queenslands, 1914. Kohledruckverfahren.

Die Aufnahme stammt von der Autofahrt mit Francis Birtles quer durch Australien.

Hurley mit der Filmkamera unter dem Bug der Endurance *am 1. September 1915. Er machte eine Gruppenaufnahme und filmte die Mannschaft.*

ENDURANCE
»Sichere Rückkehr zweifelhaft«

Folgendes Inserat soll 1913 in einer Londoner Zeitung erschienen sein (die Anzeige wurde jedoch vermutlich anonym aufgegeben und niemals gefunden):

»Männer gesucht: für eine gefährliche Reise. Geringer Lohn, bittere Kälte, viele Monate in völliger Dunkelheit, ständige Gefahr, sichere Rückkehr zweifelhaft. Im Erfolgsfall Ehre und Anerkennung.«

Es wurde spekuliert, ob die Anzeige vom Forscher Sir Ernest Shackleton stammte, da sie ganz und gar im Stil von Abenteuerromanen verfasst war. Sir Ernest wollte sich einen Traum erfüllen und mit seiner Imperial Trans-Antarctic Expedition, für die er Mitglieder suchte, als Erster zu Fuß die antarktische Eiskappe durchqueren.

In Wirklichkeit hatte er es jedoch nicht nötig, für die Expedition zu werben, denn allein die angekündigte Planung löste eine überwältigende Reaktion von Interessenten aus, darunter, so scheint es, auch eine Bewerbung von Hurley. Hurley selbst erzählte später eine andere Version davon, wie es dazu kam, dass er an Shackletons Expedition teilnahm.

Er behauptete, Shackletons Geldgeber hätten darauf bestanden, ihn zu kontaktieren und als Expeditionsfotografen zu engagieren, da sie wussten, wie wesentlich seine Filme und Fotografien dazu beigetragen hatten, die Kosten von Mawsons Expedition zu decken. Das ist nicht ganz unwahrscheinlich, denn es gab einen Präzedenzfall: Herbert Pontings Fotografien spielten beim Verkauf der Geschichte von Scotts Polarreise eine bedeutende Rolle.

Nach Hurleys Darstellung kampierte er gerade eines Abends mit Birtles in einer abgelegenen Gegend in Queensland, als ein Aborigines-Läufer ein Telegramm von Shackleton brachte und anschließend die weite Strecke zur Telegrafenstation von Burketown zurückrannte, um sein Einverständnis zu kabeln. Birtles fuhr Hurley dann den langen Weg nach Sydney zurück.

Am 4. August war in Europa der Krieg erklärt worden, und Hurley fuhr auf einem der letzten Schiffe von Sydney über den Pazifik, um in Buenos Aires an Bord der *Endurance* zu gehen. Er kam zur gleichen Zeit wie Shackleton in Buenos Aires an, wo sie sich Mitte Oktober 1914 trafen. Hurley war ursprünglich auf Gehaltsbasis, ohne Rechte an den Bildern, eingestellt worden. Doch als die *Endurance* von Buenos Aires auf dem Weg nach South Georgia ablegte, hatte er seinen Vertrag erneut verhandelt und 25 Prozent an den Filmrechten zugesprochen bekommen. Es folgte eines der

Als in Europa der Krieg ausbrach, reiste Hurley von Sydney nach Südamerika und in die Antarktis – ohne es zu bedauern, am Weltkrieg nicht teilzunehmen. Er machte dafür ein Paget-Farbdiapositiv von einem australischen Reiter der Leichten Kavallerie, der Anemonen pflückt. Belah, Palästina, 1917.

berühmtesten Forschungsabenteuer, da der Verlauf der Expedition sich endgültig änderte, als das Schiff im Januar 1915 vom Packeis eingeschlossen wurde.

In den Monaten auf dem driftenden Eis hatte Hurley wegen des schlechten Wetters relativ wenig Gelegenheit zum Fotografieren. Doch am 27. August gelang ihm die inzwischen berühmte Blitzlichtaufnahme von der eingeschlossenen *Endurance*. Während dieser Zeit unternahm er auch eine Reihe erfolgreicher Experimente in Farbe. Mitte Oktober 1915, als das Schiff völlig zermalmt wurde, verbrachte Hurley mit seiner Filmkamera drei Tage auf dem Eis und wartete auf das Ende der *Endurance*. Es kam schnell, doch nicht so schnell, als dass Hurley nicht mehrere außerordentliche Yard Film hätte drehen können.

Als die Expeditionsmitglieder das Schiff aufgaben, sollte Hurley alle Filme, die Ausrüstung und selbst die belichteten Platten zurücklassen. Gegen Shackletons Befehl gelang es Hurley, die Glasplatten und Filme aus dem Eismatsch im Schiffswrack zu holen. Shackleton ertappte ihn dabei, und sie schlossen einen Kompromiss. Hurley rettete einige Glasplatten-Negative, die bereits entwickelten Filme, eine kleine Kodakkamera und drei Rollen unbelichteten Film. 400 Glasplatten, die er zurücklassen musste, zerbrach er.

Durch Shackletons heldenhafte Fahrt nach South Georgia in einem der Rettungsboote der *Endurance,* der *James Caird,* wurden Hurley und der größte Teil der Mannschaft schließlich von Elephant Island gerettet. Diese 800 Meilen (1280 Kilometer) lange Fahrt beschäftigte damals die Phantasie der Öffentlichkeit mehr als alles andere der Expedition.

LONDON

Hurley kam am 11. November 1916 von Südamerika in London an. Es war seine erste Reise nach Großbritannien, wo er eine niedergedrückte Stimmung vorfand. Der Krieg in Europa dauerte immer noch an und forderte einen hohen Blutzoll, was einen düsteren Schatten über die Nation warf.

Am 5. Dezember 1916 erschien im *Daily Mirror* ein Artikel über die heldenhafte Rettung von Shackletons Crew, der mit mehreren Fotos von Hurley illustriert war. Das geborgene Filmmaterial entsprach jedoch nicht ganz den Vorstellungen von Shackletons Agenten, da viele Motive fehlten. Hurley organisierte deshalb erneut eine Reise nach South Georgia, um Landschafts- und Tieraufnahmen zu machen.

Am 15. Februar 1917, nur wenige Monate nach seiner Rettung, fuhr Hurley wieder nach South Georgia. In fünfwöchiger Arbeit gelang es ihm, das von Shackleton gewünschte Film- und Bildmaterial – darunter auch 72 Paget-Farbplatten – zu beschaffen. Dank seiner Bemühungen wurde der Film *In the Grip of the Polar Ice* ein überwältigender Erfolg, der es Shackleton ermöglichte, alle Expeditionsschulden abzutragen. Hurley war jetzt nicht nur ein Held, sondern wurde sowohl von Expeditionsfinanziers als auch den Medien als Finanzgarant angesehen.

Während der Fertigstellung der Antarktisfotografien wandte sich Hurley verstärkt seinen Kompositionen aus mehreren Aufnahmen zu. Dabei montierte er Tiere, Wolken, Menschen, ja sogar die *Endurance* in Landschaftsbilder, um die Dramatik von Geschehnissen zu unterstreichen. Er benutzte eine Technik, die im Film bekannt und anerkannt war – eine Kunst, die im Kontext glaubhaft und überzeugend, aber nicht unbedingt authentisch war. Als Hurley diese Methode bei Reportagen und Darstellungen über wissenschaftliche oder patriotische Themen, die viele für unantastbar hielten, anwendete, gefährdete er seinen Ruf als Fotograf. Er nahm für sich nie die Ideale der dokumentarischen Wahrheit in Anspruch, die zum Credo einer späteren Generation von Fotografen und Filmemachern wurde. Anscheinend lag ihm an der öffentlichen Rezeption weit mehr als an der Meinung von Puristen.

AUS DEM SCHLAMM VON FLANDERN NACH PALÄSTINA

Der Winter 1917 war kalt und nass; man zählte bereits das dritte Kriegsjahr. Die Lage der Alliierten war nicht besonders gut, und die Schlachtfelder versanken im Schlamm. Um die Moral zu heben, bemühte sich die Armee um positive Propaganda in der Presse. Captain Hurley, wie er in seiner Eigenschaft als offizieller Fotograf der australischen Armee genannt wurde, kam im August in Flandern an, zusammen mit Lieutenant (später Sir) Hubert Wilkins AFC [Air Force Cross], einem bemerkenswerten und vielfach ausgezeichneten Forscher, Erfinder und Piloten. Beide Männer dienten in der fotografischen Einheit unter Captain (Dr.) C. E. W. Bean, dem offiziellen Kriegshistoriker, dessen Aufgabe es war, die Beteiligung der australischen Streitkräfte in ihrem ersten großen Krieg zu dokumentieren.

Bean sah seine Aufgabe in größerem historischem Zusammenhang und wollte sie nicht auf die Belange der Tagespresse reduzieren. Er bestand auf genaue dokumentarische Berichte, während Hurley eher die unmittelbare Öffentlichkeit ansprechen wollte und dafür alle Mittel nutzte, den Schlamm, die Tapferkeit, den Mut und die unglaublichen Situationen, denen die australischen Soldaten ausgesetzt waren, zu veranschaulichen. Hurley fand, dass sich die Öffentlichkeit durch seine Kompositionen am besten ein Bild von der Situation machen konnte, da sich die Umstände der modernen Kriegsführung nicht in einem Negativ vermitteln ließen.

Hurleys Anschauung und Verfahrensweise sowohl auf dem Schlachtfeld als auch später in der Dunkelkammer mussten mit denen von Bean, der Hurleys Kompositionen »Fälschungen« nannte, kollidieren. Hinzu kam, dass auch die offizielle Zensurstelle Hurley Schwierigkeiten machte, da sie seine Arbeiten als zu realistisch für die allgemeine Öffentlichkeit ansah. »Unsere Jungs« sollten nicht in unerfreulichem Licht gezeigt werden, hieß es.

Ein Befehl vom 9. November 1917 rettete ihn bis zu einem gewissen Grad aus diesen Unannehmlichkeiten: Er sollte nach England zurückkehren, von dort in den Nahen Osten gehen und am Palästina-Feldzug teilnehmen. Er traf im Dezember 1917 ein, nachdem die australische Kavallerie eine Reihe größerer Schlachten siegreich bestanden hatte.

Hurley genoss im Nahen Osten die relative Freiheit von kreativen Beschränkungen sowie die entspannte Haltung und Zwanglosigkeit der australischen Truppen. Der Nahe Osten war nicht wie die Westfront eine Hölle aus Gemetzel und Schlamm. General H. G. Chauvel erlaubte ihm, mit Hilfe einer Truppe der Leichten Kavallerie einige Szenen nachzustellen, sogar von Gefechten, an denen diese Truppe ursprünglich nicht beteiligt war. Hurley war ganz in seinem Element, als er die Aufnahmen nach eigenem Gutdünken zu einem dramatischen Szenario zusammenstellte. Er machte auch viele Aufnahmen mit Paget-Farbplatten, meist gestellte Szenen mit Soldaten und keine Kampfhandlungen.

Hurley beschrieb Palästina, das er »eher wie Australien [empfand], als weiträumig, wo sich vieles im Freien abspielt … Es wäre wirklich Pech, wenn man hier im Gefecht fiele«. Viele Soldaten betrachteten Palästina, verglichen mit Frankreich, als Ferienaufenthalt. Hurley hielt die Ruhe jedoch nicht lange aus und flog bei einer Gelegenheit mit Captain Ross Smith, der später mit seinem Bruder Keith den ersten Flug von London nach Sydney unternahm.

Bei einem Aufenthalt in Kairo verliebte sich Hurley in die junge englisch-französische Opernsängerin Antoinette Thierault, eine kleine Schönheit mit pechschwarzem Haar. Sie war als Tochter eines Engländers, Lieutenant Leighton, in Kalkutta aufgewachsen. Es war wirklich Liebe auf den ersten Blick, denn Antoinette und Frank heirateten am 11. April 1918, nachdem er nur zehn Tage um sie geworben hatte. Von Antoinettes Leben vor ihrer Heirat ist wenig bekannt – außer dass sie nicht kochen gelernt hatte, denn sie bekannte in einem ihrer seltenen Interviews, das sie der australischen *Women's Weekly* 1945 gab, dass Frank ihr das Kochen beigebracht hat. Sie hinterließ auch keine Erinnerungen an die Zeit mit Frank. Fotografien von ihr zeigen eine sehr elegante Frau, die im Gegensatz zu ihrem bodenständigen

50 — DIE ENDURANCE-EXPEDITION

*Der Morgen nach der ersten Schlacht bei Passchendaele, Flandern, 9. Oktober 1917. Eine von Hurleys bekannteren zusammengesetzten Fotografien. Sonne und Wolken wurden später hinzugefügt, um den dramatischen Effekt des Bildes zu steigern.
Silbergelatinefoto, Abzug um 1960.*

Mann auch gesellig und anspruchsvoll war. Die frisch Verheirateten unternahmen eine Hochzeitsreise an den Nil – Frank Hurleys einzigem nachgewiesenem Urlaub. Sie verbrachten aber nur eine kurze Zeit miteinander, denn Hurley musste im Mai nach England zurückkehren, wo er für eine Ausstellung in den Grafton Galleries in London die Fotosektion der australischen Infanterietruppen organisierte. Die neue Mrs. Hurley blieb im Nahen Osten zurück.

Die Ausstellung umfasste viele Kunstwerke und 130 Fotografien, meist in großen, schönen Kohledrucken, sowie sechs Kompositionen in riesiger Vergrößerung und eine Lichtbilderschau aus 124 Paget-Platten. Sie war ein großer Erfolg, und Hurley freute sich darauf, sie in Australien zu wiederholen.

Leider missbilligte Captain Bean die Ausstellung. Er fand, dass sie weniger der Propaganda für die Kriegsanstrengungen der australischen Soldaten diente als vielmehr der Promotion von Hurleys Namen und Bildern – darunter auch Bildern, die nicht von ihm waren.

Auch wenn Hurley während seines Kriegsdienstes relativ wenig Zeit an der Front verbracht hatte, so war er doch lange genug vor Ort, um das Blutbad und die – in einem noch nie stattgefundenen Ausmaß – entsetzlichen Verwüstungen der modernen Artillerie gesehen zu haben. Hurley, der sich immer mit der Öffentlichkeit identifizierte, hatte keine Bedenken, anrührende, überzeugende Bilder den strikten Tatsachen gegenüber vorzuziehen.

Captain Bean dachte eindeutig anders und sorgte dafür, dass die Ausstellung nicht in Australien gezeigt wurde.

RÜCKKEHR NACH AUSTRALIEN

Enttäuscht über die nicht zustande gekommene Ausstellung in Australien, von der er sich einen finanziellen Erfolg erhofft hatte, suchte Hurley nach alternativen Wegen, um nach Kriegsende seinen Lebensunterhalt zu verdienen. Bevor er England verließ, gelang es ihm, die Vorführungsrechte an drei Antarktisfilmen und einem britischen Kriegsfilm, *The Storming of Zeebrugge,* zu sichern. Überdies erhielt er die Erlaubnis, von seinen Ausstellungsfotografien eine Serie kleinerer Abzüge zu machen. Der Krieg war zwar noch nicht vorbei, doch dem Zivilisten Hurley stand nichts mehr im Wege, seinen Abschied zu nehmen: Am 11. Juli 1918 quittierte er den Dienst.

Er und seine Frau schifften sich am 3. August nach Australien ein. Erleichtert, von offiziellen Pflichten frei zu sein, freute sich Hurley darauf, wieder mit »den besten Frauen der Welt zusammen zu sein – meiner Frau und meiner guten alten Mutter«.

Antoinette Thierault-Leighton mit Captain Frank Hurley zur Zeit ihrer Hochzeit, Kairo, April 1918.

Der Autor nimmt ein Konzert in Aramia auf, Papua-Neuguinea, 1921. Eine Abbildung aus Frank Hurleys Buch Pearls and Savages, *1924.*

ZIVILLEBEN: NEUGUINEA UND UNABHÄNGIGE FILMARBEIT

Frank und Antoinette Hurley trafen am Waffenstillstandstag 1918 in Sydney ein, wo Frank sich bemühte, ein Heim einzurichten. Sie ließen sich schließlich in einem großen Haus mit grandioser Aussicht im vornehmen, zum Hafen gelegenen Vorort Vaucluse nieder, was zwar nicht seinem Einkommen, aber seinem Status als Forschungsreisendem und Kriegsfotografen entsprach. Im Mai 1919 gebar Antoinette Zwillinge: Antoinette und Adelie. Der risikofreudige, abenteuerlustige junge Fotograf sah sich nun in der Rolle des gereiften Familienvaters.

Hurley begann, seine Filme zu zeigen, Vorträge zu halten und neue Kontakte zu knüpfen. Er versuchte, von den Zeitungen Unterstützung zu erhalten, und beklagte die strengen Formalitäten, die verhinderten, dass seine Londoner Ausstellung in Australien gezeigt werden konnte. Aber seine Bemühungen waren vergeblich, und er musste sich damit zufrieden geben, die kleinen Abzüge in der Kodak Gallery zu präsentieren und in Zeitschriften zu veröffentlichen; sie wurden danach in der Mitchell Library in Sydney gesammelt. Seine Vortragsreisen führten ihn durch das ganze Land. Sie waren zwar anstrengend, doch sein Bankkonto wuchs beständig. Zu dieser Zeit ließ sich Hurley gern als Captain Hurley ansprechen – vielleicht als Ausgleich für die in seinen Augen mangelnde Anerkennung vonseiten des Militärs.

Er verlor zwar den Kampf gegen die Bürokratie, aber er gewann einen bleibenden Platz im nationalen Gedächtnis. Seine Bilder repräsentierten die australische nationale Identität, die, wie es schien, im Weltkrieg erprobt und geschmiedet worden war. Seine Aufnahmen von den Soldaten stellten die Bedeutung und die Erfahrung der Truppen heraus und nicht die der Generäle – und sind nach wie vor die bekanntesten Bilder dieser Periode der australischen Geschichte.

NEUE ABENTEUER

1920 gewann Ross Smith, der Pilot, mit dem Hurley in Palästina geflogen war, und sein Bruder Keith den Preis der australischen Regierung für den ersten Flug von England in 30 Tagen. Sie landeten zuerst in Charleville im nördlichen Queensland, wo Hurley sich ihnen anschloss, um sie für den Rest ihres Fluges nach Sydney zu begleiten. Das auf diesem Flug entstandene Filmmaterial bildete die Grundlage für den Film *The Ross Smith Flight*. Hurley zögerte jedoch nicht, Lücken mit Bildern und Szenen aus Filmen seiner früheren Aufenthalte in Nordaustralien und Palästina zu füllen; selbst ein paar fingierte Städteszenen fügte er bedenkenlos hinzu, indem er Ansichtskarten vor seine Kamera hielt.

NEUGUINEA

Im Dezember 1920 konnte Hurley wieder auf Reisen gehen, diesmal nach Neuguinea. Als er auf Elephant Island von der Welt abgeschnitten war, hatte er von den Tropen geträumt, und er hoffte nun, dass einige seiner Freunde von der Antarktisexpedition mitkommen würden. Doch er war der Einzige, der noch die Begeisterung und die Kraft dazu aufbrachte. Auf dieser Reise verfolgte Hurley mehrere Ziele: Im Auftrag des Anglican Board of Missions sollte er einen Film über deren Arbeit in Neuguinea machen. Man zahlte ihm eine Pauschalsumme für Filme und Lichtbilder und sorgte auch für Transport und Unterkunft. Darüber hinaus durfte Hurley auch eigene Filme und Aufnahmen machen, während er auf Kosten des Auftraggebers reiste. Zudem plante er, einen kommerziellen Reisefilm zu drehen.

Nachdem er in der Torres Strait von Insel zu Insel gereist war und die Missionen entlang der Küste von Papua und am Opi River besucht hatte, erfüllte er seine vertraglichen Verpflichtungen. Allerdings war er von den Missionen und den Einheimischen, die er traf, nicht begeistert. Sein nächstes Ziel war Yule Island vor Port Moresby, von wo aus er anschließend ins Hochland zog. Je weiter er sich von den Küstenbewohnern entfernte, um so besser gefiel es ihm. Er filmte die Menschen und ihr Land und machte Tonaufnahmen von den Liedern und dem Dialekt der Stammesbevölkerung. Das Anglican Board of Missions fand jedoch bei der Durchsicht des Filmmaterials, dass es entgegen ihren Erwartungen weniger die guten Taten der Missionare zeigte, sondern sich eher für einen Reisebericht eignete. Auch wenn sie enttäuscht waren, wurde der Film *The Heart of New Guinea* ein Publikumserfolg.

Hurley machte jedoch keine Anstalten, ruhig in seinem Haus in Sydney zu sitzen und sich auf seinen Lorbeeren auszuruhen – nicht einmal nach der Geburt seiner dritten Tochter, Yvonne, die zur Welt kam, während er auf dem Rückweg vom Bergland in Neuguinea war. Im Dezember 1921 stellte er seine Aufnahmen aus Neuguinea in der Kodak Gallery aus, deren Leiter sein alter Freund Henri Mallard war. Ab 1922 war *Pearls and Savages* zu sehen, ein Reisefilm mit ethnografischen Elementen, den er ohne Auftrag gedreht hatte. Zu dieser Zeit entdeckte er die australische Landschaft für sich: Er besuchte die Blue Mountains und wanderte mit seinem alten Freund Harry Phillips, einem Fotografen, der wie er Berge und Wolken liebte.

Der finanzielle Erfolg von *Pearls and Savages* ermöglichte es Hurley, eine weitere Expedition nach Papua zu organisieren – dieses Mal nach seinen eigenen Vorstellungen. Er gründete eine Gesellschaft, die World Picture Exploration, die sich auf die Produktion von Reisefilmen spezialisierte. Mit Unterstützung von Kodak, der Zeitung *Sun* und Lebbeus Hordern, einem Geschäftsmann aus Sydney, der zwei Flugzeuge finanzierte, war Hurley für diese neue Herausforderung bereit. Da ihm viel daran lag, der Expedition einen wissenschaftlichen Status zu geben, lernte er, das neue Marconi-Radio-Sendegerät zu bedienen, das die Verbindung mit der Außenwelt sicherte.

Hurley benutzte das Filmmaterial dieser Reise, um seine erste Version von *Pearls and Savages* zu aktualisieren, und stellte zugleich einen neuen Film her: *With the Headhunters of Unknown Papua*. Auch er wurde ein großer Erfolg und erhielt überschwängliches Lob von der *Sun,* wenngleich sie vermutlich etwas übertrieb, um ihre Beteiligung abzusichern. Von einigen Seiten wurde kritisiert, wie der Expeditionsvertreter des Australian Museum bei der Sammlung einiger Spezimina vorgegangen war. Zudem wurde behauptet, dass das Material ohne Genehmigung mitgenommen worden sei.

REISEN DURCH EINE GRÖSSERE WELT

Hurley richtete jetzt seinen Blick auf weiter entfernt liegende Horizonte. Nachdem das Material aus Papua in Australien gut ausgewertet worden war, bereiste er Amerika, wo er Lichtbildervorträge hielt und Filme vorführte. Ein besonderer Erfolg dieser Reise war das erwachte Interesse des Verlegers George Putnam für Hurleys Studien. 1924 veröffentlichte Putnam mit *Pearls and Savages* ein wunderbares, schön illustriertes Buch, das ein solch großer Erfolg wurde, dass anschließend gleich ein zweites Buch, *Argonauts of the South,* publiziert wurde, das ebenso gut ankam; beide Bücher wurden in mehrere Sprachen übersetzt.

Nach Amerika besuchte Hurley England und unternahm mit dem Film *Pearls and Savages* eine erfolgreiche Rundreise, bevor er ihn für 1500 Pfund – damals eine beachtliche Summe – an eine deutsche Gesellschaft verkaufte.

Sein nächstes Unternehmen war nicht so erfolgreich, obwohl es gut begann. Hurley erhielt von dem aus Australien stammenden britischen Filmmagnaten Sir Oswald Stoll Unterstützung für seine charakteristische Art von Spielfilmen und gründete ein unabhängiges Filmstudio. Leider durfte er nicht wieder in Papua drehen, da die Behörden keinen Film fördern wollten, der voraussichtlich eine kontroverse Beziehung zwischen Einheimischen und Europäern zeigen würde. Denn Hurleys Filme hatten die Tendenz, den »tapferen und edlen Forschern« »Kopfjäger-Wilde« gegenüberzustellen. Trotz dieses Rückschlags drehte Hurley 1926 zwei Spielfilme: *The Jungle Woman,* ein Melodram über Rassenbeziehungen, wurde in Niederländisch-Neuguinea gefilmt, *Hound of the Deep* auf Thursday Island. Doch die Filme wurden nicht überall gut aufgenommen, auch wenn sie – vor allem wegen Hurleys Ansehen – in Australien sehr bekannt wurden. Besonders ihre naive und vereinfachende Behandlung der Beziehungen der Hauptcharaktere wurde stark kritisiert. 1927 verkaufte Hurley viele seiner Negative, die er in Neuguinea gemacht hatte, an das Australian Museum in Sydney und gab zu verstehen, dass er keine weiteren Projekte über einheimische Völker mehr plane. Dennoch haben seine Filme einen bedeutenden Stellenwert in der australischen Filmgeschichte.

Hurley hatte die meisten Filme allein gedreht, und es entsprach nicht seinem eigenwilligen Temperament, größere Produktionsteams von Spielfilmen zu leiten und mit Schauspielern und Angestellten umzugehen. Er beschloss, diese Tätigkeit nicht weiter auszuüben, sondern bei kleineren Filmen zu bleiben und als Kameramann für andere Produktionen zu arbeiten. Hurley hatte jetzt in unterschiedlicher Weise mit Fotografien und Filmen zu tun. So arbeitete er 1927 als Bildredakteur für die *Sun* in Sydney und kurz darauf als Kameramann in den Filmstudios in Bushby bei London. Obwohl eindeutige Beweise fehlen, hat es den Anschein, als ob der energische, hochmotivierte und abenteuerlustige Mann mit seinem Los etwas unzufrieden war.

Frank Hurley mit seiner BANZARE-Kamera – treue Freunde in allen Fährnissen – bei seiner Rückkehr nach Australien an Bord der Discovery *nach der vierten Forschungsreise in die Antarktis. Silbergelatinefoto von der BANZARE-Expedition 1929–1930.*

Das änderte sich völlig, als er von Douglas Mawson erfuhr, dass eine neue Antarktis-Expedition geplant wurde. Hurley traf schnell seine Vorbereitungen und schloss sich Mawson und der British, Australian and New Zealand Research Expedition (BANZARE) an, die das australische Hoheitsgebiet auf einem Teil der Antarktis erkunden und erforschen sollte. Es gab zwei BANZARE-Expeditionen, auf denen Hurley neues Filmmaterial anfertigen konnte, auch wenn ihm der Kapitän nicht genügend Zeit zum Filmen bewilligte. Aber selbst unter diesen Umständen wurde Hurleys Film *Southward Ho!,* den er mit Mawson machte, ein neuer Erfolg, als er 1930 anlief. Ein weiterer Film, der 1931 gezeigt wurde, basierte auf der zweiten Expedition – er war der erste australische Spielfilm in voller Länge mit Musik, Kommentar und anderen Toneffekten.

CINESOUND UND »CAP«

Als Hurley 1931 eine bezahlte Stelle bei Cinesound, einer Tochtergesellschaft der Greater Union Theatres, annahm, änderte sich sein Leben für die nächsten acht Jahre grundlegend. Da Australien schwer unter der Depression zu leiden hatte, war es ein glücklicher Schritt. In rascher Folge erschienen drei Dokumentarfilme: *Jewel of the Pacific* über Lord Howe Island, *Symphony in Steel* über den Bau der Harbour Bridge in Sydney und *Fire Guardians* über die Arbeit der Feuerwehr. Alle wurden gut aufgenommen. Seine Arbeit kam auch in Publikationen zur Geltung, die zum 150. Jahrestag der europäischen Besiedlung Australiens im Jahr 1938 erschienen; der Cinesound-Dokumentarfilm *A Nation is Built* entstand ebenfalls zu diesem Anlass. Nun entschloss sich Hurley, wieder im Team zu arbeiten, und drehte den zweiten Tonfilm in Australien: *The Squatter's Daughter* wiederholte den Erfolg des ersten, *On Our Selection*. »Cap«, wie Hurley bei Cinesound genannt wurde, zeigte viele Male sein Geschick in Verhandlungen mit Ortsansässigen und bemühte sich mit nicht nachlassender Begeisterung um das perfekte Bild, auch wenn dies lange dauerte und er dabei sich und zuweilen andere Gefahren aussetzte.

Nachdem Hurley mit mehreren Dokumentarfilmen über die Kraftwerkindustrie erfolgreich war, wurde ihm 1936 die Leitung einer neuen Abteilung für Industriefilme übertragen, die für Gesellschaften und Industrieunternehmen Aufträge übernahm. Hier war er in seinem Element, ohne dass sein Perfektionismus mit den immer komplizierteren und schnelleren Filmen in Konflikt geriet. Es folgte die Arbeit an anderen Cinesound-Filmen, darunter 1939 die als Kameramann für Außenaufnahmen in Charles Chauvels Epos des Ersten Weltkriegs, *Forty Thousand Horsemen*. Für diesen Film ließ Hurley einen Graben bauen, von wo aus man die darüber springenden Pferde filmen konnte. Die Schnelligkeit und Spannung dieser Filmsequenzen stellen einen Meilenstein der Filmgeschichte dar.

Frank Hurley war nun mittleren Alters, und sein Leben verlief in relativ geordneten Bahnen: Er hatte eine gute gesellschaftliche Stellung und führte ein glückliches Familienleben in bequemen, ja kultivierten Häusern, wo Kindermädchen sich um die Kinder kümmerten – zu den Mädchen kam der 1923 geborene Sohn Frank hinzu – und Haushaltspersonal seiner Frau Antoinette viel Arbeit abnahm. Aus dieser gesicherten Häuslichkeit stürzte sich Hurley immer wieder mit voller Hingabe und Ausdauer auf seine Arbeit. Er war dafür bekannt, früh am Set zu erscheinen, den ganzen Tag mit seiner Ausrüstung zu arbeiten, korrekt gekleidet und etwas wortkarg zu sein. Er besorgte den Schnitt seiner Filme immer selbst, um nicht gelungene Aufnahmen zu entfernen, und oft war er abends der Letzte, der das Set oder das Studio verließ. Wenn er nicht völlig zufrieden war, kam er auch zurück, um Neuaufnahmen zu machen.

Er war zwar nach wie vor humorvoll und schlagfertig gegenüber denen, die er gut kannte oder die ihm wichtig waren, doch seinen Teamgeist, der auf Shackletons Expedition so entscheidend war, hatte er verloren. Unbeirrt gab er

Damien Parer, Frank Hurley (hinten), Maslyn Williams und George Silk (vorn), Naher Osten, um 1941. Silbergelatinefoto.

sich seinem Perfektionismus hin und ignorierte die Zwänge der kommerziellen Film- und Wochenschaustudios in der Nachkriegszeit. Trotz der Schwierigkeiten, die er mit Cinesound erlebte – und Cinesound mit seinen Methoden –, hatte sein Name in der Öffentlichkeit noch viel Bedeutung, und auch seine Arbeitgeber respektierten seinen Status und seine Fähigkeiten.

ZURÜCK AN DIE FRONT: DER ZWEITE WELTKRIEG

Als Australien im Oktober 1939 den Krieg erklärte, wurde Hurley zu seiner Überraschung und Bestürzung nicht aufgefordert, aktiv an ihm mitzuwirken. Seine Bemühungen um einen Posten wurden abgelehnt – vielleicht, weil er mit 54 Jahren zu alt erschien. Es könnte jedoch auch sein, dass er mindestens einen einflussreichen Gegner im Department of Information hatte: Ein Relikt aus der Zeit, als Charles Bean seine »Verfälschungen« aus dem Ersten Weltkrieg scharf verurteilt hatte. Noch im selben Jahr fügte die Dienststelle des Premierministers dem ersten Affront eine weitere Kränkung hinzu, indem sie den 23-jährigen George Silk, einen unbekannten Fotografen aus Neuseeland, der technisch auf

Amateurlevel war, zum Kriegsfotografen ernannte. Die Wahl fiel auf Silk wegen einer Mappe mit ausdrucksstarken Fotos vom Segeln und Skilaufen, die er mit einer 35-mm-Kleinbildkamera aufgenommen hatte – und nicht mit dem größeren Format, das Zeitungsreporter normalerweise benutzten. Damien Parer, ein junger Australier mit leidenschaftlichem Interesse für Filme im neuen Dokumentarstil, wurde ebenfalls eingestellt.

Hurley war entschlossen, wieder in den Krieg zu ziehen, und glaubte, er hätte einen Weg gefunden, als er als Reporter beim ABC, dem nationalen Rundfunk, angestellt wurde. Aber er kam über Perth in Western Australia nicht hinaus. Die Lage änderte sich, als Sir Henry Gullett, der Leiter des Department of Information, bei einem Flugzeugabsturz ums Leben kam. An seine Stelle trat Sir Keith Murdoch, der Hurley kannte und seine Erfahrung schätzte. Im August 1940 erhielt Hurley den Rang und Sold eines aktiven Majors und wurde eingesetzt, die Offizielle Kinematografische und Fotografische Einheit im Nahen Osten zu beaufsichtigen. Er war verantwortlich für die »Jungtürken« Parer, Silk, den Reporter und Kameramann Ron Maslyn Williams und den Toningenieur Alan Anderson. Hurleys Auftrag bestand darin, das Commonwealth zu vertreten, aber auch die Nachrichteninteressen von Cinesound und Fox wahrzunehmen.

Bald war er inmitten des Kampfgeschehens und folgte den britischen Truppen und den Soldaten des Empire auf ihrer Nordafrika-Offensive gegen die Italiener im Dezember 1940. Nach jeder Schlacht musste die Einheit nach Kairo zurückeilen, um die belichteten Filme zu entwickeln und Abzüge zu machen sowie neue Filme zu holen. Diese Hin- und Rückreisen wurden schwieriger, als sich die Front weiter voranschob, so dass Hurley bald genug von so viel Sand, Staub und Khaki hatte. Die fotografische Einheit wurde anschließend nach Syrien verlegt, wo es Hurley landschaftlich besser gefiel als in der Wüste. Ärgerlicherweise befand er sich während des syrischen Feldzuges im Juni 1941 jedoch im falschen Abschnitt, so dass er die Geschehnisse nicht dokumentieren konnte – George Silk und Damien Parer gelang es hingegen, einige gute Fotos für die Zeitungen zu machen.

Der Mann, der bei den Antarktis-Expeditionen so viel Teamgeist gezeigt hatte, galt im Zweiten Weltkrieg als Einzelgänger. Während es in der Einheit sehr gesellig zuging, aß Hurley selten mit den anderen und mied gesellschaftliche Anlässe. Einmal vermerkte er im Tagebuch, dass er über einen Weihnachtstag, den er mit Entwickeln und der Erledigung von Aufgaben verbrachte, sehr zufrieden gewesen sei. Es scheint, dass er mit Parer, der ein gläubiger Katholik war, gut zurechtkam. Silk, der ehrgeizig und dynamisch war und dessen Stärke in der Action-Fotografie lag, verachtete jedoch nicht nur Hurley selbst, sondern auch seine »perfekten«, aber statischen Bilder.

Als die Japaner im Dezember 1941 Pearl Harbour bombardierten und die Inseln des Stillen Ozeans bedrohten, verlagerte sich für Australien der Brennpunkt des Krieges – er rückte nun viel näher heran. Einige australische Truppen wurden zusammen mit fast der gesamten fotografischen Einheit aus dem Nahen Osten zurückgezogen. Silk und Parer machten gerade ihre berühmtesten Arbeiten in Neuguinea, während Hurley bei der Neunten Australischen Division in Nordafrika und im Nahen Osten blieb. Entfernt vom eigentlichen Kriegsgeschehen machte Hurley weiterhin kleine Dokumentarfilme und Reiseberichte. Er schnitt seine Filme sorgfältig und entfernte jegliches unscharfe, zerkratzte oder nicht gut arrangierte Material. Im Unterschied zu den jüngeren Fotografen war Hurley nicht willens, das Geschehen mit kleineren Kameras zu verfolgen. Weder das Department noch die beiden Wochenschaugesellschaften teilten seine Ansicht und wurden immer ärgerlicher über die fehlende Sachbezogenheit seiner Kurzfilme, ungeachtet dessen, dass sie technisch vorzüglich waren und schöne Bilder zeigten. Hurleys Filmaufnahmen vom Sieg der Alliierten in El Alamein im Oktober 1943 wurden für derart schlecht befunden, dass man nur einen kleinen Teil von ihnen verwendete. Die Kluft zwischen den Anforderungen des Departments und der Wochenschaugesellschaften und Hurleys Arbeiten wurde so groß, dass die Kosten für seine Produktionen nicht mehr zu rechtfertigen waren und seine Rückversetzung erwogen wurde – nur wusste keiner in Australien, was man mit diesem altmodischen, aber angesehenen Filmer und Fotografen machen sollte. Glücklicherweise löste Hurley ihr Problem. Sein guter Ruf und seine Kontakte ermöglichten es ihm, den Abschied aus der australischen Armee zu nehmen und in die britische Armee mit dem Sold eines Oberstleutnants einzutreten: als Direktor für Dokumentarfilme und Propaganda im Nahen Osten. 1941 wurde er mit dem Titel eines »Officer of the British Empire« (OBE) für seine Kriegsdienste geehrt und dadurch ein wenig für die fehlenden Auszeichnungen im Ersten Weltkrieg entschädigt. Die folgenden 40 Monate bis zum Kriegsende scheint Hurley sehr zufrieden gewesen zu sein. Während dieser Zeit beaufsichtigte er die Arbeit 50 verschiedener Filmeinheiten und hatte zugleich genügend Möglichkeiten, im Nahen Osten Filme zu drehen und Fotos zu machen. Kairo wurde ihm zur zweiten Heimat, aber er verbrachte auch viel Zeit auf der Straße, im Gelände und bei der praktischen Arbeit, wo er am glücklichsten war.

»NEUER WEG« NACH DEM KRIEG

Frank Hurley war 61, als er im September 1946 nach Australien zurückkehrte. Sechs Jahre war er von Familie und Heimat getrennt gewesen. Seine vier Kinder waren inzwischen verheiratet, und er war Großvater. Aber trotz seines sparsamen Lebensstils und der guten Bezahlung während des Krieges fand er seine Familie in einer verzweifelten Lage vor. Antoinette Hurley hatte während der Abwesenheit ihres Mannes das Familienvermögen ruiniert. Das schöne Heim in Rose Bay war durch einen Zwangsverkauf verloren gegangen, und Antoinette hatte in ein Häuschen weg vom Hafen ziehen müssen. Unverzagt machte sich Hurley daran, sich und seine Familie wieder nach oben zu bringen. Er merkte wohl, dass er mit seinen Filmen nicht mehr so unabhängig wie zur Zeit des Krieges war, und versuchte gar nicht erst, eine Nische im rasch wachsenden Geschäft der Reise-, Dokumentar- und Spielfilme zu finden, auch wenn er 1952 für die australischen Papierfabrikanten einen Werbefilm machte: *The Eternal Forest*. Er war jedoch weder müde, noch fehlte es ihm an Unternehmungslust.

DER SCHRITT ZUM VERLAGSWESEN

Hurley fasste wieder den für ihn typischen Lebensmut und spornte sich an: »Solange du nicht geschlagen bist, musst du gewinnen.« Er dachte jetzt an Buchpublikationen, in denen er besser für sein Heimatland Australien werben konnte, als dies beim Dokumentieren des australischen Kriegseinsatzes möglich gewesen war. Gleichzeitig ließ sich mit ihnen auch Gewinn erzielen. Er betrachtete Australien als gelungenes Beispiel für die Besiedelung durch eine weiße Bevölkerung und für das Fehlen von rassischen und sozialen Konflikten, die den Krieg in Europa und im Pazifik verursacht hatten. Zum Beweis dieser These griff er zuerst auf die reichen Quellen seines Archivs zurück.

1948 wurde *Shackleton's Argonauts* als Publikumsausgabe in Sydney veröffentlicht. Das Buch erhielt einen australischen Buchpreis und erlebte mehrere Auflagen. Im gleichen Jahr publizierte Hurley *Sydney: A Camera Study* und 1949 *The Holy City: A Camera Study of Jerusalem and its Surroundings*. Sie waren sofort Bestseller und wurden bis in die 60er-Jahre immer wieder nachgedruckt. Während dieser Zeit machte Hurley weiterhin Sendungen für den australischen Rundfunk. Er begann die Sendearbeit 1926 und unterbrach sie nur, als er 1940 am Krieg teilnahm. Zu seinen Nachkriegssendungen gehören auch Lehrprogramme für Kinder, die sehr beliebt waren. Er und Antoinette zogen bald wieder in bessere Häuser und ließen sich schließlich in Collaroy Plateau, einem noch wenig bebauten Küstengebiet im

Norden Sydneys, nieder, wo die Aussicht ebenso prächtig wie in Vaucluse war. Sie hatten Freude an Gartenarbeit und legten einen kunstvollen Garten an. Frank baute in der Garage eine Dunkelkammer.

DAS BESTE LAND DER WELT

Sein nächstes Verlagsprojekt führte ihn quer durch Australien. Oft wurden die Kosten dafür von den Regierungen der Bundesstaaten und ihren Tourismusdepartements subventioniert. Das Ergebnis waren eine Reihe vorzüglicher Fotobücher über Australiens landschaftliche Schönheiten, Städte, Industrie in ländlichen Gebieten und Schwerindustrie.

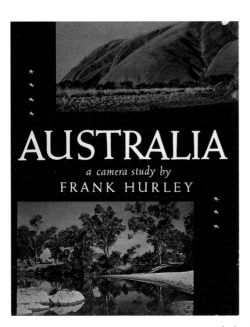

Der australische Outback, repräsentativ dargestellt auf dem Schutzumschlag von Australia: A Camera Study, *Frank Hurleys Bestseller von 1955.*

Hurley hatte eine Vorliebe für wogende Weizenfelder und Schafherden in hellem Sonnenlicht. In diesen malerischen und friedlichen ländlichen Szenen erscheinen relativ selten Stadtbewohner oder Aborigines. Diese Bücher entsprachen genau der Nachfrage: Die Landschaftsaufnahmen passten zum Wirtschaftsaufschwung und zur Hinwendung der von den Schlachtfeldern heimgekehrten Soldaten zum Land – und zogen Einwanderer an. 1953 kehrte Hurley zu einer Kunst zurück, die er aus seiner Jugend gut kannte, den Landschaftspostkarten. Zudem machte er für die Kalenderproduktion beliebte und hochbegehrte Aufnahmen. Gemessen an späteren Maßstäben war der Farbdruck der Bücher schlecht, doch einige Reproduktionen von australischer Flora waren in ihrer Farbtreue und Qualität brillant.

Hurleys Arbeiten prägten zwei Jahrzehnte lang das nationale und internationale Image Australiens. Seine Fotos waren das Ergebnis anstrengender Reisen, die er unternahm, um perfekte Bildserien zu erhalten. Sie wurden mit Weitwinkel aufgenommen und entsprachen weder der modernistischen Kunstfotografie noch dem frühen Piktoralismus. Die Kompositionen waren harmonisch, mit einer ausgewogenen horizontalen Betonung, die durch klare vertikale Elemente variiert wurde. Bewegung kam selten vor und falls doch, dann posierten die Figuren wie zufällig. Da sich alte Gewohnheiten selten vollständig verlieren, montierte er bei Bedarf auch bei diesen Fotografien frühere Bilder ein. So fungierte zum Beispiel der Himmel Palästinas zuweilen als Hintergrund einer ländlichen Szene in Australien! Zu den bemerkenswertesten Erfolgen dieser Phase seiner bewegten Laufbahn gehörte sein Bestseller *Australia: A Camera Study,* der 1955 erschien.

Hurley war bis zu seinem Tode 1962 im Alter von 78 Jahren aktiv. Als er spürte, dass er sterben würde, lehnte er es ab, umhegt zu werden, und saß die ganze Nacht aufrecht in seinem Sessel. Am folgenden Mittag gab der Arzt sein Hinscheiden bekannt. 1966 arbeitete Hurleys Tochter Toni mit Frank Legg an einer Biografie über ihren Vater, die unter dem Titel *Once More On My Adventure* erschien.

NACHSCHRIFT

Zwar wurden in den 60er-Jahren Hurleys Bücher weiterhin nachgedruckt, aber eine neue Art von Bildbänden machte jetzt das Rennen. Der großzügig ausgestattete Farbband *The Australian*s des amerikanischen Fotojournalisten Robert Goodman, der 1966 erschien, wurde ein Bestseller. Hurleys Australienbild sprach immer weniger das junge Publikum an, das sich zu abstrakten und individuellen Kunst- und Ausdrucksformen hingezogen fühlte, um eine kulturelle Renaissance zu reflektieren. Hurley hatte zu Lebzeiten eine unbestrittene Stellung, aber er war zu kurz gekommen bei den Ehrungen und Aufmerksamkeiten, die älteren, noch lebenden australischen Filmern und Fotografen in den 80er- und 90er-Jahren zuteil wurden, zu einer Zeit also, als die Fotografie anerkannter Bestandteil der offiziellen Kultur und Museen wurde.

Dieses charakteristische Foto zeigt, welchen Abstand Hurley manchmal suchte, um zum »perfekten« Bild zu kommen.

Hurleys Name und Bilder sind immer wieder zu sehen, sowohl in internationalen Ausstellungen und Veröffentlichungen über die *Endurance*-Expedition als auch in seinem Heimatland, wo Biografien und Ausstellungen über Sir Douglas Mawsons Leistungen erarbeitet wurden. Es ist auch ein zunehmendes Interesse an Hurleys Farbaufnahmen sowie seinen Australienbildern aus der Nachkriegszeit zu verzeichnen. In den letzten Jahrzehnten waren Forscher und Kuratoren immer wieder von Hurleys Werk, das in verschiedenen Archiven aufbewahrt wird, fasziniert, so dass es inzwischen über Hurley mehr Publikationen gibt als über irgendeinen anderen australischen Fotografen seiner Generation. Trotzdem birgt sein umfangreiches Werk noch viele ungehobene Schätze. Leider wurde die qualitativ hochwertige Reproduktion seiner Aufnahmen bisher etwas vernachlässigt. Diesem Missstand versucht dieser Band ein wenig abzuhelfen. Hurley wäre zweifellos erstaunt über manch zeitgenössische Kritik, aber er wäre beglückt über das neue nationale und internationale Interesse an seinem Werk, etwa 75 Jahre nach seinen ersten Buchveröffentlichungen in New York.

Das perfekte Bild

Hurley nahm auf seine Antarktisreise eine der modernsten Film- und Fotoausrüstungen mit. Mit diesen unhandlichen Apparaten fertigte er jedoch Ehrfurcht gebietende Aufnahmen an.

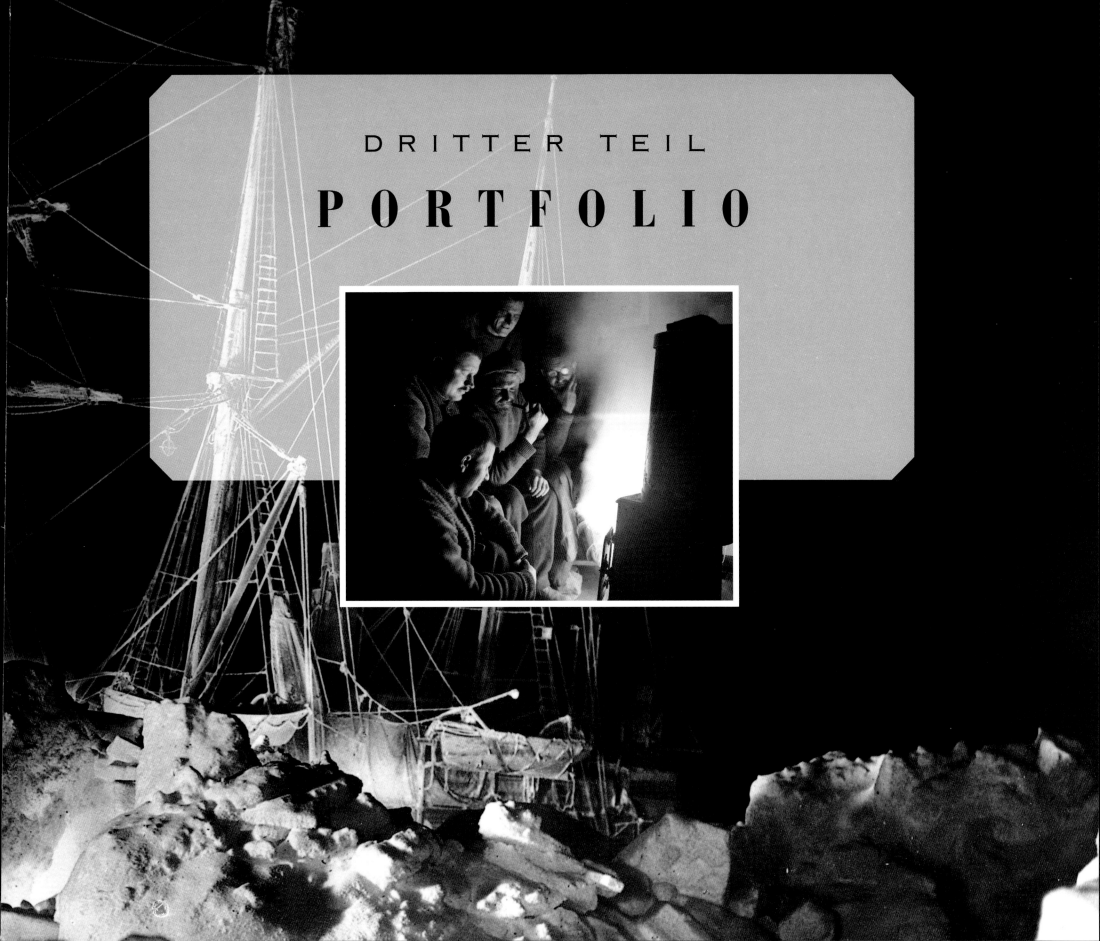

DRITTER TEIL
PORTFOLIO

Das Deck der Endurance *mit den aufgestellten Hundezwingern kurz nach der Abfahrt von South Georgia. Die Decken waren ein Geschenk der Familie Scott in Buenos Aires. Das umgebaute Ruderboot, die* Nancy Endurance, *wurde von Walfängern benutzt und aufrecht vertaut.*

Die meisten Teilnehmer der Weddellmeer-Mannschaft, aufgenommen in der Nähe von Buenos Aires. Oberste Reihe: Holness, Bakewell. Zweite Reihe: McNish, James, Wild, Worsley, Stephenson, Hudson, How, Green. Dritte Reihe: Cheetham, Crean, Hussey, Greenstreet, Shackleton, Sir Daniel Gooch (er galt nicht als ständiges Mitglied der Expedition und kehrte von South Georgia nach England zurück), Rickenson, Hurley. Vordere Reihe: Clark, Wordie, Macklin, Marston, McIlroy. Es fehlen: Orde-Lees (der das Foto aufnahm), Vincent, Kerr, McCarthy, McLeod. Vermutlich war Blackborow als blinder Passagier an Bord, als diese Platte belichtet wurde.

»Die SY [Steam Yacht] Endurance *verlässt Buenos Aires am 27. Oktober 1914«, lautet Hurleys Anmerkung im* Green Album. *Expeditionstagebücher und Zeitungsnachrichten nennen den 26. Oktober als Abfahrtsdatum des Schiffs. In seinen schriftlichen Aufzeichnungen verwechselt Hurley manchmal das Datum der Aufnahme eines Bildes mit dem der Entwicklung.*

Perce Blackborow, blinder Passagier, und Mrs. Chippy, McNishs Kater. »[William] Bakewell und Blackborow waren Matrosen auf der The Golden Gate, die am Wellenbrecher von Montevideo Schiffbruch erlitt. Mr. Bakewell und Blackborow fuhren nach Buenos Aires in der Hoffnung, dort ein anderes Schiff zu finden. Sie sahen die Endurance und fragten, ob Matrosen gebraucht würden. Mr. Bakewell wurde genommen, Blackborow nicht, weil er zu jung war …« Blackborow sah in Shackleton einen der größten Forschungsreisenden der Geschichte.

Frank Wild genießt auf der Fahrt von Buenos Aires nach South Georgia mit einigen der Hunde die Zeit an Deck.

King Edward Cove, South Georgia, 1914. Das kleinere der beiden vor Anker liegenden Schiffe ist die Endurance.

Hurley, Worsley (im weißen Pullover) und Greenstreet bestiegen am 13. November 1914 Duce Fell. Sie beförderten Hurleys Ganzplattenkamera und ihren Lunch auf einem Schlitten. Nahe am Gipfel mussten sie mit einer Axt Stufen in das Eis hacken und die Kamera mit einem Seil hochziehen. Die Endurance liegt in der East Cumberland Bay weit unter ihnen vor Anker.

Die Endurance *tauft ihren Bug mit dem Packeis des Weddellmeeres, Dezember 1914.*

Mit Dampf durch lose Packeisschollen im Weddellmeer kreuzen – vom Krähennest aus gesehen.

»Tagsüber kamen wir erfreulich gut voran. Wir passierten weite Felder von jungem oder ziemlich frisch gebildetem Eis, das sich schnell auflöste. Elegant schnitt sich das Schiff seinen Weg hindurch, das Kielwasser blieb über eine Meile lang offen.«

HURLEY, TAGEBUCH, 1. JANUAR 1915.

Die Endurance bahnt sich einen Weg durch lose Eisschollen.

Auf dem Weg in das offene Meer – und die Vahsel Bay. Hurley machte von derselben Stelle noch andere, ähnliche Aufnahmen. Dies ist jedoch die einzige auf einer $1/1$-Platte.

»... um 10 Uhr vormittags fuhren wir in eine lange Rinne eisfreien Wassers, in dem einige Eisberge mit großartigen Formen drifteten. Einen, ein schöner keilförmiger Brocken von 200 Fuß Höhe, habe ich fotografiert.«

HURLEY, TAGEBUCH, 21. DEZEMBER 1914

»… Ich brachte auf der Brücke einen Wetterschutz an …«, schrieb der Schiffszimmermann Harry McNish am 11. Dezember 1914. Am folgenden Tag hatte McNish »… Frühstück & ölte alles ringsum ein & säuberte Werkzeuge & machte ein Semaphor-Signal für die Brücke …« Das Foto wurde wahrscheinlich am selben Tag oder kurz danach aufgenommen.

Training der Hunde auf dem Eis während eines erzwungenen Stopps am 6. Januar 1915. Es ist das erste Mal seit fast einem Monat, dass die Hunde nicht mehr angekettet sind und aus dem Zwinger dürfen.

»Schnell zur Scholle & die Hunde bewegen, die sich mit Maulkorb losreißen & mehrere tauchen unfreiwillig unter. Zwei Hunde halten ein Becken mit sehr blauem Wasser & Brucheis für etwas, worauf man gehen kann; drei andere fallen einfach über die Kante. Alle genießen den Auslauf sehr.«

WORSLEY, TAGEBUCH, 6. JANUAR 1915.

»Ein kleiner Eisberg – mit Eisleuchten am Horizont. 8. Januar, 69° 28′ S, 20° 9′ W …«, so Hurleys Aufzeichnung im Green Album.

Shackleton überprüft das Eis vor dem Schiff, während Hurley die Szene mit der Filmkamera von einer hoch gelegenen Stelle aus festhält.

Hurley fängt die antarktische Einsamkeit aus Wasser und Eis ein.

Eine der raren Stellen offenen Wassers auf dem Weg zur Vahsel Bay am 13. Januar 1915.

PORTFOLIO

»Hurley, der Unverwüstliche ... macht eine Farbaufnahme von Schiff & Eis ... Er ist ein Wunder – mit fröhlicher australischer Ungezwungenheit begibt er sich ganz allein nach oben in die Takelage & überallhin, an die gefährlichsten & rutschigsten Stellen, die er finden kann, jederzeit zufrieden & glücklich, aber fluchend, bis er ein gutes oder neues Bild machen kann. Er steht bar[häuptig] & mit im Wind wehendem Haar, wo wir alle Handschuhe und Kopfbedeckung haben. Er macht seinen Schnappschuss oder dreht seine Kurbel, flucht dabei vor Freude & führt seine Vitalität vor.«

WORSLEY, TAGEBUCH, 24. JANUAR 1915.

Die Barriere von Coats-Land, etwa 100 Fuß (31 Meter) hoch. Breite 72° 10′ S, Länge 16° 57′ W. Obgleich auf dem Foto nicht sichtbar, gab es zahlreiche Robben und Pinguine. Die Farbe des Meeres wechselte von tiefem Blau zu hellem Grün. An diesem Tag, dem 10. Januar 1915, machte das Schiff, von Eisbergen unbehindert, seine beste Fahrt (136 Meilen/218 Kilometer).

Das mit Raureif überzogene Tauwerk des Schiffs.

PORTFOLIO

»[Hurley] gelang eine schöne Farbaufnahme von Cheetham ... mit dem roten Hoheitszeichen & der australischen Flagge«, schrieb Reginald James am 25. Januar 1915. Am folgenden Tag notierte Orde-Lees: »Hurley hat einige großartige Farbfotos gemacht.«

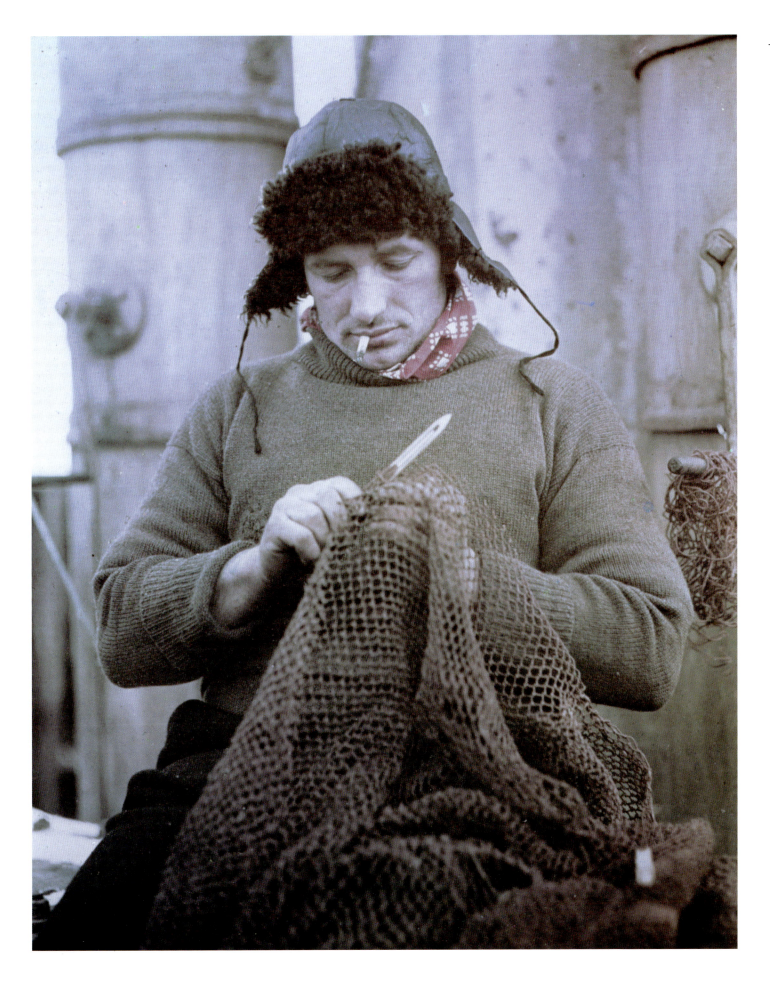

John Vincent flickt ein Netz auf dem Deck der Endurance. *Hurley hat dieses Foto vermutlich am selben Tag aufgenommen wie das Paget-Farbfoto von Cheetham.*

Obgleich aus Hurleys Green Album hervorgeht, dass dieses Foto aufgenommen wurde, bevor das Schiff vom Eis eingeschlossen war, bleibt es ein klassisches Porträt vom Schiff – und vom Eis. Man beachte die leichte Neigung nach Steuerbord.

Diese Aufnahme wäre zwar in der Zeit, als die Endurance *im Eis festsaß, beinahe immer möglich gewesen, aber die Platte wurde wahrscheinlich belichtet, bevor das Schiff eingeschlossen wurde und während Orde-Lees und Hurley beim Skilaufen waren.*

Beidrehen und warten, bis sich das Eis öffnet.

Als Shackleton am 12. Januar 1915 an diesen Tieren vorbeifuhr, ließ er das Schiff wenden und auf eine Eisscholle auflaufen. Er dachte, eine neue antarktische Vogelart entdeckt zu haben, und merkte erst später, dass es sich um Kaiserpinguinküken handelte.

»Gestern gegen Mitternacht begann das Eis aufzubrechen & nur 200 Yard vor uns öffnete sich eine Rinne. Bis 10 Uhr morgens verbreitete sie sich auf 1/4 Meile. Deshalb wurden alle Segel gesetzt & mit den Maschinen unter voller Kraft voraus wurde ein Versuch gemacht, durch das Eis zu brechen. Drei Stunden lang waren wir schnell, lediglich achtern wurde etwas Eis weggewaschen & das Ruder wurde frei. Ich gehe ›an Land‹ & mache ein Bild von Schiff & Eisscholle.«

HURLEY, TAGEBUCH, 25. JANUAR 1915.

»Hurley ging auf die Eisscholle, um das Schiff zu fotografieren, musste aber eiligst zurückkehren, als der Eishügel, an dem wir unser Heck mit einem Draht festgemacht hatten, mit einem Stück der Eisscholle wegbrach und wir von der Scholle weg hin und her schaukelten. Dies passierte wahrscheinlich deshalb, weil wir für das Foto einige Segel gesetzt hatten, obwohl nur ein ganz leichter Wind wehte.«

ORDE-LEES, TAGEBUCH, 14. JANUAR 1915.

Porträt von Tom Crean, 7. Februar 1915. »... ein guter Charakter, einer der zuverlässigsten Männer der Expedition. Wie sein Name andeutet, ist er Ire & dazu ein Riese. Er begann als einfacher Seemann in der Marine & war bei Scotts Expedition auf der HMS Discovery & erneut bei seiner letzten Expedition dabei, als er dreißig Meilen allein marschierte, um Hilfe zu holen & dadurch das Leben von Commander Evans rettete, der lebensgefährlich an Skorbut erkrankt war. Er erhielt die Albert-Medaille für seinen offensichtlichen Mut.«

ORDE-LEES, TAGEBUCH, 10. OKTOBER 1915.

Crean kehrte in seinen Geburtsort Annascaul, Irland, zurück, wo er das South Pole Inn gründete, das noch heute existiert. Kopie vom Negativ.

Kapitän Frank Worsley an der hinteren Luke neben seiner Kajüte.

Shackletons Kabine, in der ursprünglich Worsley wohnte, an Bord der Endurance. Shackleton war besonders an der »Weiterbildung« der Männer interessiert. Wenn sie in seiner Bibliothek Polarliteratur ausliehen oder lasen, fragte er sie oft aus. McNish isolierte die Kabine Anfang März 1915.

Dieses Foto wurde offensichtlich vom Schiffsdeck aus aufgenommen. Hurleys etwas verwirrende Beschreibung lautet: »Ein Sonnenuntergang im Hochsommer mit Nahaufnahme der eingefrorenen Endurance.«

Das Steuerborddeck der Endurance, in Fahrtrichtung gesehen. »Wegen der gefallenen Temperatur – es hat -19° – beschlagen die Kameras, sobald sie an Bord gebracht werden. Ich habe an Deck einen Schrank gebaut, wo sie selbst bei niedriger Temperatur aufbewahrt werden können. Doch die Geräte – besonders die Filmkamera – müssen trotzdem immer gewartet, wie etwa mit Petroleum eingerieben werden, wenn man sie rausnimmt. Unter diesen extremen Temperaturen, wird der [Kodak-]Film äußerst spröde und verliert ungefähr 10% seiner Lichtempfindlichkeit.«

HURLEY, TAGEBUCH, 24. APRIL 1915

Das Eis umgab und überzog das Schiff, bevor es in ihm festsaß.

Crean und »seine« Welpen (Abkömmlinge von Sally und Samson): Roger, Toby (hinten), Nell (vorn) und Nelson einen Monat nach ihrer Geburt. 7. Februar 1915.

»Das weitere Vorankommen nach Süden ist wegen undurchdringlichem Packeis blockiert. 20. Januar 1915. Aufgenommen an dem Tag, als die Endurance endgültig ›aufgehalten‹ wurde und schließlich einfror«, schrieb Hurley im Green Album.

Creans Welpen wurden am 7. Januar 1915 geboren und am 7. Februar gefilmt und mit der Plattenkamera fotografiert.

Morgendämmerung zu Winterende.

»Wintersonnenwendtag 1915. Mittag« lautet Hurleys Beschreibung zu dieser Aufnahme. So romantisch das in Anbetracht des Bildes auch klingen mag, der 22. Juni ist der dunkelste Tag des Jahres. Das Foto wurde zweifellos zu einer anderen Zeit aufgenommen.

Der Ausleger für Clarks Netz, von dem aus er vom Meeresboden Proben sammelte, ist auf dieser Fernaufnahme des Schiffs deutlich zu erkennen. Frühjahr 1915.

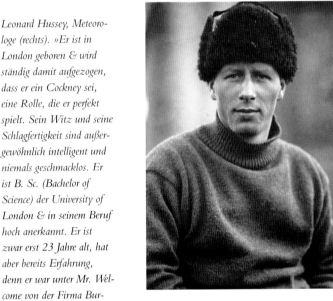

Frank Wild (links), 7. Februar 1915. »Er fungiert als Sir Ernests Stellvertreter, und wenn er uns Anweisungen zu geben hat, tut er das in nettester Form, vor allem wenn es um Instruktionen zu besonders lästigen Arbeiten geht … Kompetenz ist sein hervorstechender Charakterzug … Er ist vierzig Jahre alt, ziemlich klein, aber drahtig und zäh genug, um Erfolg zu haben. Augen blau und sehr wach, Haare oben ziemlich dünn.«

ORDE-LEES, TAGEBUCH, 13. JUNI 1915.

George Marston, Künstler (oben). Seiner Mimik wegen »Putty« genannt. Er begleitete Shackleton an Bord der Nimrod (1907–1909) und gehörte zu der Gruppe, die die Erstbesteigung des Mount Erebus unternahm. Auf der Endurance-Expedition war er als Hundegespannführer sowie für die Expeditionskleidung zuständig. Als die Mannschaft aufs Eis ging, musste er den Großteil seiner Malgeräte zurücklassen, aber er zeichnete und malte weiter – sogar auf Elephant Island.

Frank Hurley, Fotograf (rechts). »Er fertigte stets eigens gemischte Chemikalien an und machte alles selbst: Entwickeln, Abzüge herstellen, Kolorieren. Er hatte seine großen Wannen sowie Vergrößerungsapparate und was er sonst brauchte. Seine Fingernägel waren durch die Chemikalien immer braun. Die beste Ausrüstung und die präzisesten Objektive.«

Leonard Hussey, Meteorologe (rechts). »Er ist in London geboren & wird ständig damit aufgezogen, dass er ein Cockney sei, eine Rolle, die er perfekt spielt. Sein Witz und seine Schlagfertigkeit sind außergewöhnlich intelligent und niemals geschmacklos. Er ist B. Sc. (Bachelor of Science) der University of London & in seinem Beruf hoch anerkannt. Er ist zwar erst 23 Jahre alt, hat aber bereits Erfahrung, denn er war unter Mr. Welcome von der Firma Burroughs & Welcome ein Mitglied der Welcome-Expedition in den Sudan. Er ist eine verlässliche Stütze mit ungewöhnlichen Vorzügen, und es ist sehr angenehm, hier unten Musik jedweder Art zu haben … Hussey ist eines unserer kleinsten Mitglieder, doch er gleicht durch Energie aus, was ihm an Körpergröße fehlt.«

ORDE-LEES, TAGEBUCH, 14. OKTOBER 1915.

Alexander Macklin, Chirurg (oben rechts). »Ein Schotte, geboren & aufgewachsen auf den Scilly-Inseln, wo sein Vater einer der besten Ärzte ist. Nach seiner Ausbildung im Plymouth College und in der University of Edinburgh hatte er eine Stelle in einem Krankenhaus in Manchester, bevor er sich der Expedition anschloss. Auch wenn er nicht wie ein Schotte spricht, so ist er doch ein typischer. Er braust ziemlich schnell auf, ist aber absolut fair … Obwohl er eine Brille trägt, ist er ein erstklassiger Rugbyspieler … und er zählt zu unseren härtesten Arbeitern, ständig draußen zwischen den Hunden, selbst bei unfreundlichstem Wetter.«

ORDE-LEES, TAGEBUCH, 26. SEPTEMBER 1915.

Lieutenant Frank Worsley (oben), RNR [Royal Naval Reserve]. »Er ist ein Energiebündel. Seine Aktivität & sein Eifer sind außergewöhnlich. Im zufälligen Überwintern hier [im Eis] hat er ein lebenslanges Ziel erreicht. Ich bin sicher, dass er für Sir Ernest von unschätzbarem Wert ist. Er stammt aus Yorkshire.«

ORDE-LEES, TAGEBUCH, 11. JULI 1915.

Hubert »Buddha« Hudson, Navigationsoffizier (oben), mit Kaiserpinguinküken, 12. Januar 1915. Er galt bei der Mannschaft der Endurance als weit gereister Frauenheld, wurde aber auch für ein bisschen »langweilig« gehalten. Während der Bootsfahrt nach Elephant Island erlitt er an den Händen Erfrierungen, die bleibende Schäden verursachten.

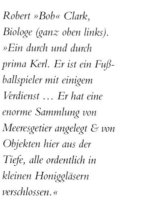

Robert »Bob« Clark, Biologe (ganz oben links). »Ein durch und durch prima Kerl. Er ist ein Fußballspieler mit einigem Verdienst ... Er hat eine enorme Sammlung von Meeresgetier angelegt & von Objekten hier aus der Tiefe, alle ordentlich in kleinen Honiggläsern verschlossen.«

ORDE-LEES, TAGEBUCH, 15. OKTOBER 1915.

Reginald James, Physiker (oben links). »Jimmy ... ist ein sehr gelehrter Mann, weit mehr, als man bei flüchtiger Bekanntschaft meinen mag. Rothaarig, mit Brille und der Neigung zur Fülle ... Seine Begabung für Zahlen ist überraschend. Er gab mir soeben meinen Füllfederhalter zurück, dessen Verschluss er in Stücke zerkaut hatte!«

ORDE-LEES, TAGEBUCH, 29. JUNI 1915.

Thomas Orde-Lees, Motorspezialist (oben rechts), führte ein umfangreiches Tagebuch, in dem er u. a. aufzeichnete, wie die anderen ihn sahen und darstellten, wie etwa: »Lees ist zuweilen ein bisschen zu sehr bemüht, Sir Ernest zu gefallen. Letzte Nacht ahmte Dr. McIlroy ihn geschickt nach: (In höchst übertriebener Weise herumtänzelnd) ›Ja, Sir, o ja gewiss Sir, Sardinen Sir.‹«

James Wordie, Geologe (links). »›Jock‹ ... ist ein weiterer echter Schotte aus Glasgow. Er hat ein liebenswürdiges Temperament & einen wunderbaren, überaus trockenen Humor & eine glückliche Art, jemanden ganz dezent auf den Arm zu nehmen, so dass man sich hinterher mehr freut als verletzt fühlt. Auch er ist B. Sc. (Cambridge) und war am College ein Kollege von James, unserem Physiker. Mangels Felsen, an denen er sich austoben kann, hat ›Jock‹ eine große glaziologische Studie verfasst & ich zweifle nicht daran, dass er mit seinem scharfen philosophischen Urteilsvermögen ein sehr verdienstvolles Buch über dieses interessante und wenig bekannte Thema schreiben wird. Er ist sowohl das gutmütigste als auch eines der beliebtesten Mannschaftsmitglieder und sucht keine Annäherung an irgendeine der Cliquen ... die, wie jeder weiß, der Fluch einer Expedition sind.«

ORDE-LEES, TAGEBUCH, 16. OKTOBER 1915.

Sir Ernest Shackleton (rechts). »Niemals die Flagge eingeholt, niemals aufgegeben.«

PORTFOLIO

101

Schneeräumen auf Deck während einer Stockung auf dem Weg nach Süden zur Vahsel Bay.

Der Bug der Endurance *wird erstmals von Eis befreit, 14. Februar 1915.*

Nahaufnahme von arbeitenden Männern auf dem Eis neben dem Schiff.

Vorbereitung zur Befreiung: Jeder packt mit an.

Versuch, aus dem Eis auszubrechen. 14./15. Februar 1915. Originalnegativ.

Beim Entfernen des Eises an der Steuerbordseite. 14./15. Februar 1915.

»Alf« Cheetham: »Cupido auf einer Seerose«. Fotografiert (und gefilmt) während des letzten Versuchs, aus dem Eis auszubrechen. 14./15. Februar 1915.

Teamwork auf dem Eis: Eine weitere Aufnahme vom Versuch, die Steuerbordseite der Endurance vom Eis zu befreien. 14./15. Februar 1915.

Das Schiff von Eis befreien zu wollen ist ein gefährliches Unterfangen.

106 PORTFOLIO

Die Endurance *von einem entfernten Presseisrücken aus gesehen. Hurley betitelte dieses Foto »Ein Leuchten mitten im Winter«.*

Shackletons letzter Versuch, die Endurance *am 14. Februar 1915 aus dem »Griff des Eises« im Weddellmeer zu befreien. »… jeder arbeitete wie ein Pferd mit Pickel, Eismeißel oder anderen Werkzeugen. Das Schiff selbst diente als Rammbock«, notierte Hurley auf 76° 50′ S, 34° 58′ W.*

»Um 4 Uhr nachmittags hatten wir ein filmreifes Fußballspiel mit zwei vollständigen Teams von je elf Mann ... und wir hatten in Dr. Macklin einen viel beschäftigten und tüchtigen Schiedsrichter, der, obwohl einer unserer besten Spieler, nicht spielen konnte, weil er am Morgen ziemlich schlimm von einem der Hunde gebissen wurde, als er zwei miteinander kämpfende trennen wollte.«

ORDE-LEES, TAGEBUCH, 16. FEBRUAR 1916.

Eine Aufnahme (links) vom nachmittäglichen Fußballspiel mit Worsley im Tor. 16. Februar 1915. Originalnegativ.

Teilnehmer am Fußballspiel vom 16. Februar, dem Tag nach dem letzten Versuch, aus dem Eis auszubrechen. »Um 4 Uhr hatten wir ein großartiges Fußballspiel«, schrieb Reginald James. »11 auf jeder Seite. Ein Team trug eine rote Armbinde, das andere eine weiße ... 1:1, doch in der zweiten Hälfte schossen die ›Roten‹ das Siegestor. Die Filmkamera nahm alles auf.«

JAMES, TAGEBUCH, 16. FEBRUAR 1915.

Hurley datierte dieses Foto auf den 1. Januar 1915, bei 76° S und 35° W. Interessanterweise erreichte die Endurance etwa diese Position nicht vor dem 19. Januar – als sie vom Eis eingeschlossen wurde.

Blick über die Hügel auf die Endurance in der Ferne. Neben dem Schiff trainieren Männer. Frühjahr 1915.

Die Endurance *von weitem. Diese Aufnahme entstand wahrscheinlich am selben Tag, als Hurley eine ähnliche in Paget-Farbe machte.*

PORTFOLIO

Pylonweg, der Pfad zur Rinne vor dem Schiff, wo das Eis aufgeschnitten war, von der Takelage aus gesehen. Im März 1915 wurden der Pfad angelegt, die Schneepyramiden gebaut und mit einem Drahtseil verbunden – so konnten verirrte Entdecker in einem Schneesturm ihren Weg finden.

Dieses Foto ist in der Literatur über die Expedition gewöhnlich mit »Tiefster Süden« betitelt und wurde von Hurley auf den 2. September datiert. Es weist jedoch die charakteristischen Merkmale von ähnlichen Negativen auf, die Mitte Februar 1915 belichtet wurden.

Eine Blitzlichtstudie von Husseys dick mit Raureif bedeckten Dine's-Windmesserblättern, die beim Drehen die Windgeschwindigkeit messen.

Hunde-Iglus beim Schiff an einem Tag mit klarem Wetter 1915. Hurley bringt im März Husseys meteorologischen Windschutz an Ort und Stelle. Kurz nach dem Bau der Hunde-Iglus wurden den Hunden Decken gegeben, aber die Hunde behandelten sie als Spielzeug und rissen sie bald in Fetzen. Gleichzeitig wurde am Achterschiff ein Loch durch das Eis geschlagen, um das Ruder frei zu halten und Wasser zu haben, falls an Bord ein Feuer ausbräche.

»Das Hochziehen [des Hjort-Meter-Netzes für Clarks Proben] mit der Hand ist ein schwieriges Unternehmen und beschäftigt alle verfügbaren Männer. Etwa 15 von uns legen den Draht über die Schultern; er läuft über einen Flaschenzug auf einem Ladebaum, und wir marschieren einfach damit los. Wenn wir eine Viertelmeile vom Schiff entfernt sind, wird der Draht um einen anderen Flaschenzug, einen Block, gelegt & wir wandern damit zum Schiff zurück ... alle in uneinheitlicher Polarkleidung, einige mit Burberry-Anzügen, die meisten von uns mit Rentierfellstiefeln & alle mit verschiedenen Kopfbedeckungen, aber alle eingemummt, denn es ist oft eine kalte Arbeit, weil man auf Befehle wartet.«

ORDE-LEES, TAGEBUCH, 11. JUNI 1915.

Blaues Eis wird mit dem Schlitten zum Schiff transportiert.

Das »Spectre Ship« (Geisterschiff), vielleicht Hurleys unvergesslichstes Foto von der Endurance. *»Hurley hat Blitzlichtbilder aufgenommen und einige der besten sichergestellt.«*

McNish, Tagebuch, 9. Juni 1915. Original Ganzplatte.

»Nach drei Versuchen gelang es mir, eine Blitzlichtaufnahme von meinem Gespann beim Füttern zu machen. Das Blitzlichtpulver wurde in drei gesicherten Behältern aufbewahrt und elektrisch gezündet. Die Hunde erschraken furchtbar, die Eingänge zum Zwinger mussten versperrt werden, um sie fern zu halten.«

Hurley, Tagebuch, 29. Mai 1915.

Während des Winters 1915 wurden alle gesunden Schlittenhunde jede Woche, meist donnerstags, gewogen. »Ich half Hurley die Hunde wiegen«, notierte Reginald James am 20. Mai 1915; Frank Worsley hielt die Daten fest: »Team Führer Team Gewicht Durchschnitt & Zunahme Höchstes Gesamtgewicht McIlroys Samson 8 507.5 70.2 + 10.5 Samson 89 3480.5 Hurleys Shakes 8 625.5 68.5 + 19.5 Hack 94 Durchschn. 71.03 Macklins Bos'n 10 684.5 68.5 + 6.5 Peter 80 Creans Surly 8 619.5 77.4 + 25.5 Amundn 98 Zunahme 75 Marstons Steamer 7 462 66.5 + 12 Herc 91 Wilds Soldier 8 527.5 66.5 + 1 Tim 76.«

»Ich bin mit der Nachtwache dran«, berichtete Hurley später über die frühen Morgenstunden des 30. Juni 1915. »Während der Nachtwache versammeln sich auch seine Freunde, und sie sitzen im kleinen Kreis um das Feuer, diskutieren in gedämpftem Flüstern …« Orde-Lees notierte, dass sie nie gut schlafen konnten, wenn Hurley Nachtwache hatte, denn er war ungezwungen und sprach laut, da er Tonhöhen nicht unterscheiden konnte.

Dieses Bild ist in populären Darstellungen meist mit »Die Nachtwache kehrt zurück …« betitelt. Hurley bezeichnete das Foto im Green Album als »Clark bei der Rückkehr vom Wintersport«. Auffällig ist die dicke Raureifschicht auf jeder Oberfläche.

*Von der Wasserrinne
auf dem Pylonweg zur
Endurance. März 1915.*

*Eisblumen auf einer
Eisrinne.
Frühjahr 1915.*

Shackleton befahl den Mannschaftsmitgliedern, ihre Aufgaben zu teilen: Wordie, Cheetham und Macklin beim 14-tägigen Bodenschrubben im Ritz. Shackleton selbst half im März 1915 beim Auslegen des Linoleums.

Hurley und Macklin in ihrem gemütlichen Heim, dem »Billabong«, das sie im Winter 1915 mit McIlroy und Hussey teilten. An Abstinenzler wie Hurley teilte Shackleton samstagabends Carson's-Schokolade aus, wenn die Mannschaft den traditionellen Toast auf die »Geliebten & Ehefrauen« ausbrachte.

Der 22. Juni 1915, der Wintersonnenwendtag, kündigt die Rückkehr der Sonne an und wurde als Feiertag begangen. »Dinner um 6 Uhr«, notierte Harry McNish in sein Tagebuch. »Schweinebraten Apfelkompott & Dosenerbsen mit Plumpudding & ... danach hatten wir ein Konzert, das um 8 Uhr begann & um 12 Uhr endete mit Röstzwiebeln & ... dann tranken wir auf die Gesundheit unserer Lieben daheim.« Wintersonnenwendtag 1915. Die Teilnehmer in ihren Kostümen nach dem dreistündigen »Rauchkonzert« am 22. Juni zur Feier der Rückkehr der Sonne. Hussey ist als schwarzer Sänger mit Banjo zurechtgemacht. Rickenson ist das »lässige junge Mädchen«. Kerr, als Göre gekleidet, posiert mit Greenstreet, dem ältlichen Roué mit roter Perücke; sie sangen ein Duett »La diddley iddley um«. Wild trat als lispelnder kleiner Junge auf und rezitierte »The Schooner Hesperus« mit dem Beistand von Hudson, der als Tochter des Kapitäns kostümiert war. Wordie parodierte einen Schotten, der seinen Dudelsack stimmt, während Clark in seinem Schottenrock eine schottische Ballade vortrug. Es folgte McNish mit zwei schottischen Klagegesängen ohne musikalische Begleitung. James, als Kenner der deutschen Sprache, hielt einen fantasievollen Vortrag über »die Kalorie«, der das Publikum im Sturm gewann. Marston erschien als Bauer, sang »Widdicomb Fair« und trug später eine Grauen erregende Fassung von »Johnny Hall« vor. James McIlroy erschien als parfümierte Grisette – seine Darstellung wäre einer feinen britischen Gesellschaft nicht zumutbar gewesen. Dr. Macklin rezitierte Spottverse über Einzelheiten von der Reise der Endurance von Plymouth nach Buenos Aires, wobei er auf Worsleys Übereifer während der Reise einging – »Wir sind das Schiff Endurance Seiner Majestät und auf Abenteuerfahrt in den tiefen Süden!« Lees als Pfarrer Dr. Bubblinglove eröffnete die Show mit einer bombastischen Rede, in der er Shackleton zu dem gleich beginnenden Konzert willkommen hieß. Hurley las »ausgezeichnete« Dichtung, in der er genau die Schwierigkeiten aufzählte, denen sich die Nachtwache ausgesetzt sah; offensichtlich verkleidete er sich dafür nicht.

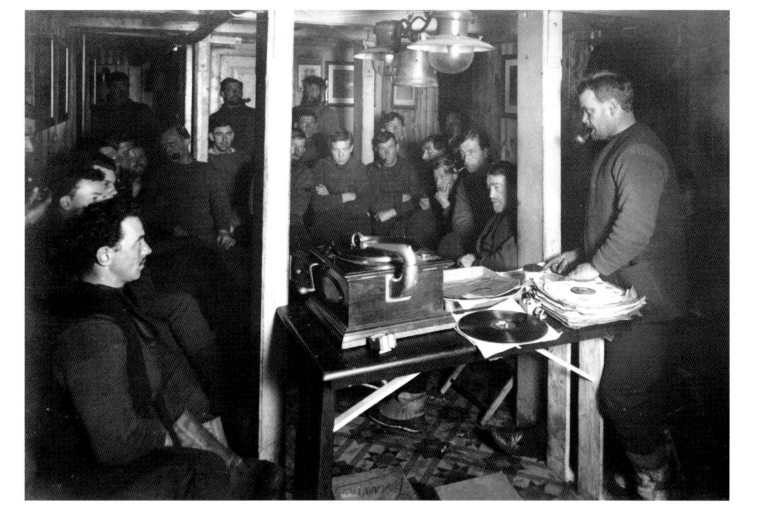

Taschenbillard auf einem Miniaturtisch im Ritz war eine Möglichkeit, sich die Stunden im Eis während des Winters 1915 zu vertreiben.

»Ein Morgen im Ritz Mitte des Winters« lautet Hurleys Text im Green Album *zu diesem Foto von 1915. Rechts: Hussey, James, Wordie, Clark. Links: McNish (der am 17. und 18. Februar ein Cribbage-Brett anfertigte), Blackborow, der den Eisblock schleppt, und Orde-Lees an Shackletons Schreibmaschine.*

»Eine Art mittwinterliche Verrücktheit zeigt sich, als alle Seeleute von dem Wunsch gepackt sind, ihre Haare loszuwerden. Das bereitete großen Spaß, und üppige Locken, Glatzen und gescheitelte Köpfe wurden bald einander ähnlich. Wahrscheinlich werden wir in Zukunft am Kopf etwas frieren, wenn nicht sogar Neuralgien bekommen. Wir ähneln einer Ladung von Sträflingen, und ich ließ mir die Gelegenheit nicht entgehen, dieses komische Ereignis ununterbrochen zu fotografieren.«

HURLEY, TAGEBUCH, 19. MAI 1915.

Als das Schiff vom Eis eingeschlossen war, fanden jeden Sonntagabend Grammofonkonzerte statt. Sie wurden aber aufgegeben, weil das Eis an der Schiffsseite knirschte, sobald die Musik einsetzte.

Dr. Macklin und Commander Greenstreet kochen in den frühen Morgenstunden einer von so vielen Polarnächten 1915 für die Hunde Walspeck.

Der Meeresbiologe und Kapitän der Afterguard-Fußballmannschaft, »Bob« Clark, in seinem Laboratorium im Zwischendeck, nachdem das Schiff zum Winterquartier umgebaut war, Februar/März 1915. Er war ein hervorragender Tierpräparator, und die Männer waren oft verblüfft, wenn er seine Arbeit am Abendbrottisch der Mannschaft machte und das Abendessen zuweilen um einen Kadaver herum serviert wurde.

»Rückkehr der Sonne nach der Dunkelheit des langen Winters« lautet die Beschreibung im Blue Album des SPRI – eines von mehreren Erinnerungsstücken, die Raines & Company herstellten.

»Eisbrecher, Druckzentrum, 1. August 1915«, schrieb Hurley in sein Green Album. Dieses Foto trägt gewöhnlich den Titel »Beinahe besiegt«. Es diente oft zur Illustration verschiedener Expeditionsberichte.

»Am Nachmittag drehen Hurley & ich mit der Kamera eine Runde von 6 Meilen … Ich füge meine männliche Gestalt in mehr oder weniger gefälligen Posen als Accessoire der umgebenden Szenerie hinzu – eine Art menschlicher Maßstab, um die Erhabenheit der Natur zu verdeutlichen.«

WORSLEY, TAGEBUCH, 16. AUGUST 1915.

Treibeis, hinter dem Schiff fotografiert, 4. April 1915. Ein beeindruckendes, doch selten veröffentlichtes Foto von den Ereignissen im Weddellmeer.

Worsleys »männliche Gestalt« macht die Größe eines von der Endurance-Mannschaft für typisch gehaltenen Eisrückens deutlich.

»Treiben und kippen«. Eisverhältnisse im August 1915.

Blaues Eis wird von einem Hügel gehackt.

Eis schichten, Proben sammeln, Hunde bewegen – auf dem Eis gibt es immer Arbeit.

Wordie und Clark untersuchen den Fang in Clarks Netz. »Klares Wetter ... Nach dem Frühstück machen wir [einen] großen Iglu für die Hunde fertig, benutzen dazu die Steuerbordseite des Schiffs mit einer Plane, die sich bis zu einer Mauer aus Benzinkanistern und einer Eiswand am anderen Ende erstreckte.«

WORSLEY, TAGEBUCH, 21. MÄRZ 1915. ORIGINALNEGATIV.

»Die Mannschaft bringt an der Steuerbordseite eine Gangway an damit die Hunde auf die Eisscholle können«, schrieb Harry McNish am 18. August 1915. Am 25. August notierte er kurz: »Führer und Fahrer fotografiert.«

Leonard Hussey begleitete
Hurley oft auf seinen
Schlittenfahrten.

»Das Eis unmittelbar vor
dem Schiff. August 1915.«

HURLEY, GREEN ALBUM.

Foto von Lionel Greenstreet mit »zu Eiszapfen gefrorenem Atem« beim Trainieren mit Hurley und seinem Gespann. September 1915.

Hurleys Gespann mit Greenstreet im Hintergrund und Shakespeare als Leithund. Direkt nach dem Aufbrechen des Eises am 1. August 1915 benutzten Hurley und die anderen Hundeführer kleine, leicht beladene Schlitten für das Training der Hunde, bis durch Myriaden von Eishügeln, die aufgrund von gewaltigen Eisveränderungen entstanden waren, deutliche Spuren führten.

»Rückkehr vom Wintertraining« lautet die Bildlegende in Hurleys Green Album. *Das Foto vom August 1915 zeigt jedoch strahlenden Sonnenschein und wurde zweifellos aufgenommen, nachdem die Hunde an Bord des Schiffs zurückgebracht worden waren.*

Die erfahrenen Hunde werden für das tägliche Training angeschirrt, während »Creans Welpen« frei zwischen der Meute streifen dürfen. Frühjahr 1915.

*Judge, ein Hund aus George Marstons Schlittengespann, entwickelte sofort eine Abneigung gegen seine neue Matratze, die man ihm im März 1915 gab – er knurrte aber, als Macklin versuchte, sie ihm wegzunehmen. Er galt als kluger und freundlicher Hund und war einer der Älteren in der Meute. Wild erschoss ihn am 14. August, als man herausfand, dass er Bandwürmer hatte, von denen viele über einen Fuß lang waren. Satan, Sandy, Sooty und Roy erhielten am selben Tag den Gnadenschuss.
Kopie vom Negativ.*

PORTFOLIO

Hussey und Samson, Frühjahr 1915. Der fast erwachsene Welpe ist Nell, Abkömmling von Sally und Samson.

Porträt eines Hundes, vermutlich »Samson« aus Hurleys Green Album, das ein ähnliches Bild enthält, auf dem der Hund den Kopf in die andere Richtung wendet.

Lupoid (ganz rechts), nach seinem wolfsähnlichen Aussehen benannt. »Nach dem Frühstück werden die Hunde trainiert, Richtung Südosten haben sie eine Strecke von 2 1/2 Meilen ohne Risse. Soldier sichtet einen Pinguin & übernimmt das Kommando … Als [Wild] am Schauplatz ankommt, haben Soldier & Lupoid den Kaiser[pinguin] getötet & machen blutverschmiert Männchen, Soldier mit seiner üblichen Miene ›habe meine Pflicht getan & schere mich einen Dreck darum‹, Lupoid aber mit dem Ausdruck schrecklicher Reue …«

WORSLEY, TAGEBUCH, 30. SEPTEMBER 1915.

Die Männer hatten eine innige Beziehung zu ihren Hundegespannen.

»Samson« lautet Hurleys Anmerkung zu diesem Foto im Green Album. Samson wird gewöhnlich als großer Bernhardiner erwähnt.

Owd Bob.

Diese Paget-Farbplatte von der mit Raureif überzogenen Takelage – »dick wie das Handgelenk eines Mannes« – wurde vermutlich am 1. September 1915 belichtet, als Hurley mit dem Paget-Farbverfahren experimentierte.

PORTFOLIO

Die Hundegespanne und ihre Führer machen eine Trainingspause, während die Endurance *im Weddellmeer festsitzt, Frühjahr 1915.*

Morgendämmerung gegen Ende des antarktischen Winters im August 1915, als das Eis aufgebrochen war und die Hunde an Bord gebracht wurden.

Das Deck der Endurance *nach leichtem Schneefall. Husseys meteorologischer Windschutz wurde vom Heck des Schiffs entfernt und im Motorboot (links) untergebracht, als die Mannschaft beim Aufbrechen des Eises am 11. Oktober Vorbereitungen zur Abfahrt traf.*

Sonnenaufgang, April 1915. An den Masten sind die angebrachten Aufsätze – und die weit ausladenden Drähte – für den Empfang von Morsesignalen zu sehen. »3 Aufsätze angebracht«, notierte Frank Worsley am 29. März 1915. »Sie sind 20 Fuß lang & werden die Antenne um 14 oder 15 Fuß erhöhen. Hurley, der Vielseitige – er war früher unter anderem Elektroingenieur [koordinierte die Herstellung] von 4 langen Drähten auf 4 Bambusvorrichtungen, jede 14 Fuß lang, auf eine Weise, dass wir nun dreimal mehr Empfangsfläche haben als bei der Abfahrt von South Georgia Island …« Weil die Aufsätze durch Raureif immer schwerer wurden und ständig gewartet werden mussten, hat man sie einen Monat später entfernt.

Shackleton prüft eine offene Rinne im Weddellmeer, Frühjahr 1915.

152 PORTFOLIO

Die Männer der Endurance hinterließen Spuren – auch wenn sie nur kurzlebig waren.

Das eingefriedete Gelände und der »Hunde-Iglu«, wo Sally und ihre ersten Nachkommen (Creans Welpen) residierten, bis die vier Welpen sich an die antarktischen Bedingungen gewöhnt hatten. Februar 1915.

»Mein ›Observatorium‹ zwischen zwei großen Hügeln war sehr malerisch & Hurley, der auf der Suche nach einem Bild herauskam, war davon begeistert und nahm es auf.«

JAMES, TAGEBUCH, 16. FEBRUAR 1915.

»Hurley unternahm eine Fotoexpedition & machte einige sehr gute Bilder. Ich begleitete ihn. Es gelang ihm ein ausgezeichneter Schnappschuss von einer Robbe, die aus einer Spalte auf die Eisschollen sprang …«

JAMES, TAGEBUCH, 12. OKTOBER 1915.

Ein beliebter Treffpunkt der Hundegespanne hieß »der Obelisk«. In Relation zu Kapitän Worsley, der ihn gerade besteigt, hat man eine Vorstellung von seiner Größe.

Hurley mit Filmkamera unter dem Bug der Endurance. 1. September 1915.

Die Mannschaft der Endurance, 1. September 1915. Nach dem Tagebuch von Harry McNish nahm Hurley dieses Gruppenfoto am Mittwoch, dem 1. September 1915, auf; er belichtete auch mehrere Yard Film.

Am 14. Oktober 1915, dem Vorabend von Hurleys 28. Geburtstag, zersprang gegen 7 Uhr abends das Eis mit einem fürchterlichen Krach, so dass die Crew nach oben auf das mit Schneematsch überzogene Deck eilte. Das Eis war geborsten und das Schiff plötzlich frei. Jetzt konnte das Ruder überprüft werden. Es stellte sich heraus, dass es von der Wasserlinie nach achtern gedreht worden war. Nachdem das Besamsegel gehisst war, segelte das Schiff tatsächlich – dürftige 100 Yard (91 Meter) –, bevor es in einer schmalen, von Eisbergen blockierten Rinne zum Stehen kam. Die Endurance wurde am 27. Oktober an dieser Stelle zerdrückt.

Shackleton inspiziert die vor dem Schiff aufgebrochene Eisscholle.

Nahaufnahme vom Bug des Schiffs.

Diapositiv, das die Ereignisse vom 24. Oktober 1915 zeigt, als das Eis das Schiff bedrohte, den Achtersteven beschädigte und ein Leck verursachte. »6.45 Schiff erlitt heftigen Druck, da es in einen schlechten Winkel gestoßen wurde durch Eisplatten & Presseisgrate, die dann in Pfeilrichtung die Steuerbordseite gegen Eisplatten drängen & Achtersteven verdrehen, mit den verdeckten Enden der Planken beginnend, und dem Schiff ein gefährliches Leck zufügen ...«

WORSLEY, TAGEBUCH, 24. OKTOBER 1915.

Das Schiff neigt sich nach Backbord.

Die Endurance *neigt sich nach Backbord. Ansicht vom Heck aus.*

Todeskampf der Endurance *im antarktischen Eis.*

Nahaufnahme vom Deck der Endurance.

Die Endurance *wird durch den heftigen Druck der Eisschollen hochgehoben. 18. Oktober 1915.*

»Die Eisschollen sind den ganzen Tag in Bewegung, so dass ich auf dem Schiff die Filmkamera die ganze Zeit darauf gerichtet hatte. Ich konnte den einzigen Film von den brechenden Masten drehen.« Hurley, Tagebuch, 28. Oktober 1915. Wegen der schwierigen klimatischen Bedingungen verwendete Hurley oft neben der Filmkamera seine Plattenkamera.

*Am frühen Morgen des 28. Oktober 1915, nach der ersten auf der Eisscholle verbrachten Nacht, bahnten sich Shackleton, Wild und Hurley einen Weg durch die Eishügel zum Wrack und retteten mehrere Kanister Benzin. Nachdem im Dump Camp ein Feuer angezündet war, wurde für die Männer Frühstück gekocht. Wild servierte den Männern in ihren Schlafsäcken das Frühstück. Später schrieb er, dass sie die Anstrengung, eine Mahlzeit zu bereiten und zu servieren, nicht voll zu würdigen wussten.
Original Nitrozellulose.*

Das Wrack.

Das Wrack der Endurance: *ein Gewirr aus Rundhölzern, Masten und Tauwerk.*

Drei noch vorhandene Aufnahmen, die Hurley am 1. November 1915 machte, bevor der unsichere Hauptmast weggeschlagen wurde. Danach konnten die Männer mit den Bergungsarbeiten auf dem Wrack beginnen. Negativkopie vom Film.

Hurleys bekanntestes und verbreitetstes Foto des Wracks. Original Ganzplatte.

Frank Wild inspiziert am 8. November 1915, als er, Shackleton und Hurley dem Wrack einen letzten offiziellen Besuch abstatteten, die Überreste des Schiffs.

»Das Camp« schrieb Hurley in sein Green Album, *aber nicht, um welches Lager es sich genau handelte. Die Einstellung scheint aus den ersten Tagen im Patience Camp zu stammen. Tatsächlich wurde das Bild auf einer ganzen Glasplatte im Ocean Camp aufgenommen, das zuweilen auf andere Eisschollen verlagert und je nach den Veränderungen des Eises umgebaut wurde.*

Ein informelles Gruppenbild, Ocean Camp 1915. Shackleton, Wild und Orde-Lees stechen auf dem Foto hervor. Doch noch auffallender sind Hurleys Plattenkästen, Objektive und andere Fotogeräte, die säuberlich neben dem Eingang zu Shackletons Zelt aufgestapelt wurden.

»Hurley & Kerr arbeiteten den ganzen Tag im großen Zelt an der Fertigstellung des Ofens. Angesichts des Mangels an Werkzeugen war das eine geniale Leistung.«

ORDE-LEES, TAGEBUCH, 7. NOVEMBER 1915.

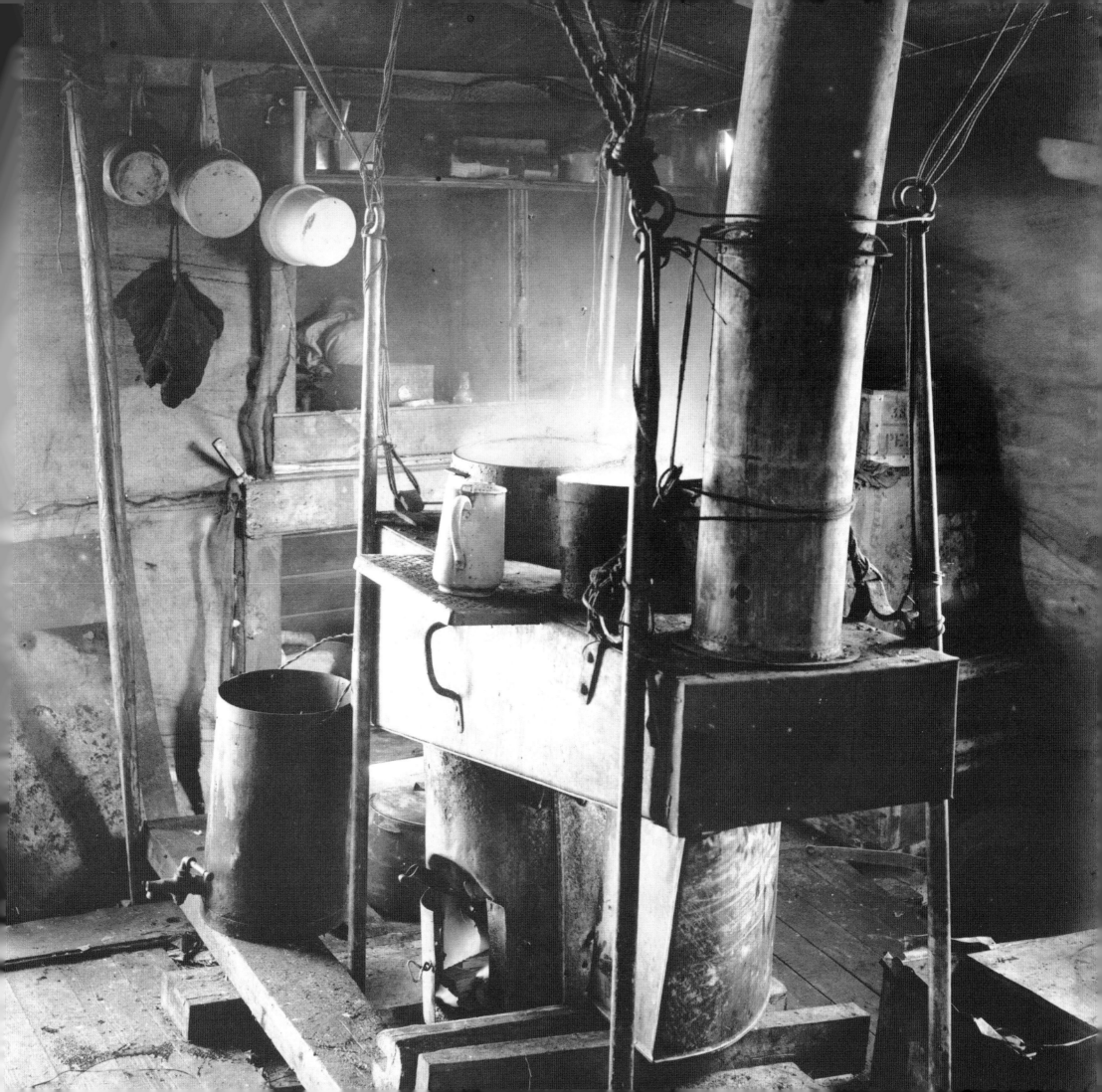

Ocean Camp kurz nach seiner Errichtung. Es zeigt Worsleys Beobachtungsplattform (hinten) und Husseys meteorologische Instrumente (links).

Panorama vom Ocean Camp, auf dem seine Position zum Schiff sowie gerade noch am Horizont dessen Schornstein (Mitte links) zu sehen ist.

Folgende Doppelseite: Am 8. Dezember 1915, ihrem 43. Tag auf der Eisscholle, zogen die Männer die neu ausgerüstete James Caird *zu einer Rinne 250 Yard (228 Meter) vom Ocean Camp und testeten sie im Wasser. Nach dem erfolgreichen Experiment setzte man sie wieder auf den Schlitten. Dabei wurde ihr Heck beschädigt, als der Zug durch die Winde »an Land« außer Kontrolle geriet. Am nächsten Tag wurden im Lager auf allen Booten Seile angebracht, um sie eventuell sicher hochziehen zu können.*

PORTFOLIO

Shackletons Zelt im Ocean Camp mit der königlichen Flagge und dem Schiffswimpel, die stolz von einem Rundholz unter blauem Himmel flattern. Orde-Lees' Skier, Hurleys Kisten mit Fotoausrüstung, Worsleys Beobachtungsplattform und die zum Trocknen aufgehängte Wäsche.

Nach dem Verlust des Schiffes wurde der stets einfallsreiche Hurley ein draufgängerischer Jäger, Hersteller von Waagschalen und Bilgepumpen und ein beharrlicher Ofenbauer. Am 26. November 1915 zeichnete er diesen Herd in sein Tagebuch. Reginald James fotografierte den Herd, der wie ein »Hochofen« arbeitete, am 29. November 1915. James' Zeichnung vom selben Tag hat wie Hurleys frühere Zeichnung eine erstaunliche Ähnlichkeit mit dem Ofen auf diesem Foto.

»Pottasche und Perlmutter« – sonst als Orde-Lees und Green bekannt, die auf dem »zweiten Marsch« einen kleinen Schlitten mit Essensvorräten und Küchengeräten zogen – kochen eine dicke Suppe. Patience Camp. Original Nitrozellulose.

»… unser Lager war heute ein großartiger Anblick mit Masten & Rudern die im Schnee aufgerichtet sind & Kleider Betten Boote & Rentierfellschuhe & Decken draußen zum Trocknen jeder hätte gedacht wir haben unseren Waschtag. & dabei war es weit davon entfernt denn wir haben unsere Gesichter nicht gewaschen seit wir das Schiff verlassen haben und die einzige Waschgelegenheit die wir jetzt haben ist Abreiben mit weichem Schnee …«

McNish, Tagebuch, 22. Januar 1916. Original Nitrozellulose.

»Jeder hätte gedacht wir haben unseren Waschtag. & dabei war es weit davon entfernt …«

180 PORTFOLIO

»Zimmermann beendet Arbeiten oberhalb der Wasserlinie, vorn und hinten auf dem Walfänger [James Caird] und installiert die von Hurley gemachte Pumpe. Jetzt muss nur noch der obere Teil kalfatert werden. Das Schiff kann zur Not 29 Mann aufnehmen. Es kann neben der Ausrüstung 6 1/2 Tonnen bei 3 1/2 Tonnen Eigengewicht tragen.«

WORSLEY, TAGEBUCH, 22. NOVEMBER 1915. ORIGINAL NITROZELLULOSE.

Eines der zwei kleinen Reifenzelte im Patience Camp, auf dem gerade Wäsche trocknet. Original Nitrozellulose.

PORTFOLIO

Den Morgen des 28. Februar 1916 verbrachte man im Patience Camp mit dem Bau eines – wie Reginald James es formulierte – »vornehmen Eisgebäudes für eine Kombüse. Es ist rund, hat etwa 10 Fuß Durchmesser, eine 6 oder 7 Fuß hohe Wand & man brauchte dafür eine Menge Eis.«
Kopie vom Negativ.

Die James Caird, *ausgerüstet mit ihrem »Hauptmast« im Patience Camp. Die beiden abgebildeten Hunde sind vermutlich Nelson und Shakespeare. Original Nitrozellulose.*

Die Dudley Docker *trifft am 15. April 1916 auf Elephant Island ein. Nachdem die* Wills *und die* Caird *am »Providence Beach« gelandet waren, erschien auch die* Docker. *Man hatte schon ihren Verlust befürchtet, als sie am Vorabend von der* Caird *und der* Wills *getrennt wurde. Alle waren gerettet.*

Die Beiboote der Endurance landeten sicher auf Elephant Island.

Zweite Ansicht von der James Caird, wie sie am »Providence Beach« an Land gezogen wird. Im Vordergrund die Stancomb-Wills und die Dudley Docker. Greenstreet und Blackborow, die beide nicht mithelfen können, sitzen links im Hintergrund. 15. April 1916. Original Nitrozellulose.

Eine Ansicht von Elephant Island, aufgenommen von der »Landzunge« an der Wasserlinie. Original Nitrozellulose.

Das erste heiße Getränk auf Elephant Island, 15. April 1916. Von links nach rechts: Orde-Lees, Wordie, Clark, Rickenson, Greenstreet, How, Shackleton, Bakewell, Kerr und Wild. Original Nitrozellulose.

Ein weiteres Foto von Elephant Island, das zwar Hurleys Namen trägt, aber sich nicht unter seinen original Nitrozelluloseaufnahmen befindet. »Begann die Docker abzuwracken um die Caird auszurüsten«, berichtete Harry McNish am 20. April 1916.

Vor Shackletons Abreise von Elephant Island hatten die Männer in einem nahe gelegenen Gletscher eine Stelle herausgeschlagen, die ihnen als Zuflucht geeignet erschien. Das meldete Shackleton so bald wie möglich an Zeitungen.

Eines von zwei Fotos, das die Vorbereitungen zum Aussetzen der Caird *zeigt. Man beachte den Ballast aus mit Steinen gefüllten Säcken sowie die Vorräte am Strand. 24. April 1916. Original Nitrozellulose.*

Seitenansicht der Vorbereitungen, um die Caird *zu Wasser zu lassen; im Vordergrund die* Stancomb-Wills. *24. April 1916. Original Nitrozellulose.*

Die Stancomb-Wills *nimmt am 24. April 1916 ein »Wasserfass« an Bord und bereitet die Fahrt zur* Caird *vor; Shackleton sitzt im hinteren Teil des Schiffs. Kopie vom Negativ.*

Die James Caird *wird am Ostermontag, dem 24. April 1916, zu Wasser gelassen.*

Die ungewöhnlichste Ozeanfahrt der Geschichte beginnt.

Die Stancomb-Wills *bringt Shackleton, der hinten sitzt, zur* Caird. *24. April 1916. Original Nitrozellulose.*

Nachdem die Caird *zu Wasser gelassen ist, bekommt sie wegen der oberdecklastigen Position von Vincent und McNish starke Schlagseite. Statt zu kentern, werden die beiden Männer ins Wasser geschleudert und die* Caird *schwimmt erleichtert – direkt auf die Klippen zur Rechten zu. 24. April 1916. Original Nitrozellulose.*

Drei Hurrarufe auf die James Caird und ihre mutige Besatzung.

Die Stancomb-Wills (zwischen den Männern sichtbar) wird mit Vorräten beladen. Diese werden zur James Caird transportiert, die durch eine lange Fangleine gesichert ist. 24. April 1916. Original Nitrozellulose.

Die auf Elephant Island zurückbleibenden Männer verabschieden Shackleton. Eine weitere original Nitrozelluloseaufnahme, die von Frank Hurley verändert wurde, um die Rettung darzustellen.

PORTFOLIO

»Blick aus einer Felsenhöhle über die West Bay, Elephant Island« steht in schöner Handschrift im prächtig gebundenen Blue Album, das von Raines & Company hergestellt und von Frank Wild am 6. Februar 1917 dem König überreicht wurde. Dieses Foto ist jedoch nicht unter Hurleys original Nitrozelluloseaufnahmen.

An schönen Tagen konnten die auf Elephant Island Gestrandeten sich bis zum entgegengesetzten Ende der »Landzunge« vorpirschen, sich fit machen und Robben jagen. Dabei hatten sie eine prachtvolle Aussicht auf »Gnomon Island«. Original Nitrozellulose.

Die »Hütte« auf Elephant Island vor dem 3. Mai 1916. Hurley benutzte für Buchillustrationen oft Negativkopien dieser Aufnahme – nachdem er einen handgemalten Schornstein hinzugefügt hatte, der auf dieser original Nitrozelluloseaufnahme nicht zu sehen ist.

»Angenehm ruhiger, wenn auch trüber Tag« – erste Zeit auf Elephant Island.

»Angenehm ruhiger, wenn auch trüber Tag. Gehe am Morgen mit Wild los. Wir besuchen eine benachbarte Höhle im Gletscher, die prachtvolle Eiszapfen zierten …«

HURLEY, TAGEBUCH, 5. JULI 1916. ORIGINAL NITROZELLULOSE.

Gentoo-Pinguine auf der »Landzunge« von Elephant Island. Kopie vom Negativ.

Zuweilen konnten die Männer der »Landzunge« von Elephant Island entkommen und nahe gelegene Teile der Insel erkunden. Hurley, der nie stillsaß, kletterte am 14. August auf den 400 Fuß (122 Meter) hohen Felsen und fing diesen weiten Blick auf die »Hütte« (auf der »Landzunge« kaum zu sehen) und »Gnomon Island« ein. Original Nitrozellulose.

Eines von zwei Bildern, die sich nicht unter Hurleys original Nitrozelluloseaufnahmen fanden. Sie zeigen Gentoo-Pinguine, die am Strand von Elephant Island entlangmarschieren.

Obwohl dieses Foto von Pinguinen, die auf Elephant Island an Land kommen, wie alle Aufnahmen von der Endurance-Expedition Hurleys Namen trägt, befindet es sich nicht unter seinen original Kodak »Zelluloid«-Negativen, die in europäischen Archiven liegen.

»Enthäuten von Robben, die auf Elephant Island als Nahrung dienen«, schrieb Hurley in sein Green Album, *das er irgendwo in Südamerika fortsetzte – und umarbeitete. Original Nitrozellulose.*

Die fertige »Hütte« auf Elephant Island, bevor der Schornstein gebaut und von A. J. Kerr am 3. Mai 1916 eingesetzt wurde. Bemerkenswerterweise liegt kein Schnee um das Gebäude. Original Nitrozellulose.

Frank Hurley posiert mit einer Vest Pocket Kodak, die jedoch nicht die einzige Kamera war, mit der er das Leben auf Elephant Island festhielt, vor der »Snuggery« (gemütlichen Kammer) – das Martyrium ist erst zur Hälfte überstanden. Man beachte die Schneehöhe um den »sty« (Schweinestall). Original Nitrozellulose.

»Sonniger Tag mit herrlichem rosafarbenem Glühen auf den Bergspitzen bei Sonnenuntergang. Machte Gruppenfoto – die bunteste und ungepflegteste Ansammlung, die je auf eine Platte projiziert wurde«, notierte Hurley am 10. Mai 1916 auf Elephant Island in sein Tagebuch. Hintere Reihe: Greenstreet, McIlroy, Marston, Wordie, James, Holness, Hudson, Stephenson, McLeod, Clark, Orde-Lees, Kerr, Macklin. Mittlere Reihe: Green, Wild, How, Cheetham, Hussey, Bakewell. Vordere Reihe: Rickenson. Nicht auf dem Bild: Hurley (der das Foto machte) und Blackborow, der mit erfrorenen Zehen daniederlag. Original Nitrozellulose.

Hurleys kombinierter Abzug, wie er meist in den Veröffentlichungen über die Expedition zu finden ist, zeigt die – nicht den Tatsachen entsprechenden – Ereignisse vom 30. August 1916.

Die Yelcho erreicht Elephant Island, 30. August 1916. Eine Aufnahme, die sich deutlich von den sonst in Berichten abgebildeten unterscheidet. Sie zeigt dicken Rauch von einem Leuchtfeuer (links außen) und am Horizont vermutlich ein Schiff. Original Nitrozellulose.

Lang ersehnte Rettung – und das Ende der Tortur.

Rettung, 30. August 1916.
Original Nitrozellulose.

PORTFOLIO

Eines von drei Fotos von der Rettung auf Elephant Island am 30. August 1916. Dieses Bild befindet sich nicht unter Hurleys original Kodak-Negativen.

Worsley, Pardo und Shackleton in Punta Arenas am 3. September 1916. Foto: C. Veiga.

Ein anderes Bild aus dem Macleay-Album. Es zeigt offensichtlich die Abfahrt der Yelcho von Punta Arenas nach Valparaiso am 15. September 1916.

Pardo, Shackleton, Wild und andere, Punta Arenas, 3. September 1916. Vermutlich ist dies keine Aufnahme von Hurley.

Die gerettete Gruppe vor dem Royal Hotel, Punta Arenas, 3. September 1916. Von links nach rechts: Hussey (das einzige Mitglied, dem Shackleton erlaubte, sich vor der Ankunft im Hafen zu rasieren), Hurley, Kerr, James, Wordie, Crean, Worsley, Wild, Shackleton, Pardo, Orde-Lees, Marston, [der Mann mit Krawatte: vermutlich John James Gibbons Hardie], How, Holness, Stephenson, Bakewell, Green, McLeod, Greenstreet, Cheetham.

Eisklippen des Hamberg-Gletschers, Moraine Fjord, South Georgia, 1914.

Ansicht vom Rampart-Eisberg, den Hurley, Wordie und Worsley am 11. März 1914 besuchten.

Die Herkunft dieses Fotos ist unklar. Bei den Personen könnte es sich um Worsley und Greenstreet auf dem Weg zum Duce Fell handeln.

Gletscherwand. South Georgia, 1914.

Die Flenserei in Grytviken, 1914. Das Gebäude im Hintergrund ist die »Russebrake« (russische Baracke).

Eine geladene, schussbereite Harpunenkanone. Während der Saison 1914/1915 wurden über 5000 Giganten der Tiefe, die Hälfte davon Blauwale, auf diese Weise getötet.

Flensing Plant, South Georgia, 1914. »In unserer letzten Woche hatte die Fabrik eine Panne, aber die Anlieferung von Walen ging weiter, so dass mehr als 50 Kadaver ... darauf warteten, verarbeitet zu werden.«

REGINALD JAMES, TAGEBUCH, 1914.

PORTFOLIO

Ein See-Elefantenbulle mit seinem Harem in der Hund Bay, 17. November 1914.

Königspinguine und ihre Küken, fotografiert in Gold Harbor, South Georgia, 1914. Kopie vom Negativ.

Menschen gegenüber zutraulich – die Tiere auf South Georgia.

Die Flenserei in Grytviken, 1914. In der Saison 1914/1915 produzierten die Walfangstationen South Georgias 270 507 Barrel Öl.

Stromness. Das Haus des Managers, in dem Thoralf Sørlle am 20. Mai 1916 Shackleton, Worsley und Crean empfing, ist auf dem Foto rechts zu sehen.

Kaptauben picken Walabfälle auf, die aus einer Flenserei South Georgias stammen.

Kolonie von Königspinguinen (rechts), Bay of Isles, South Georgia.

See-Elefantenbullen kämpfen während der Paarungszeit auf South Georgia, 1914.

PORTFOLIO

Gear Buttress und Hooke-Gletscher, South Georgia. Eine kleine Kopie dieses Abzugs findet sich in der Worsley Collection of Photographs des Scott Polar Research Institute. Auf die Rückseite sind die Worte gekritzelt: »Einige der Berge, über die wir marschierten.«

Eisklippen des Hamberg-Gletschers, Moraine Fjord, South Georgia, 1914.

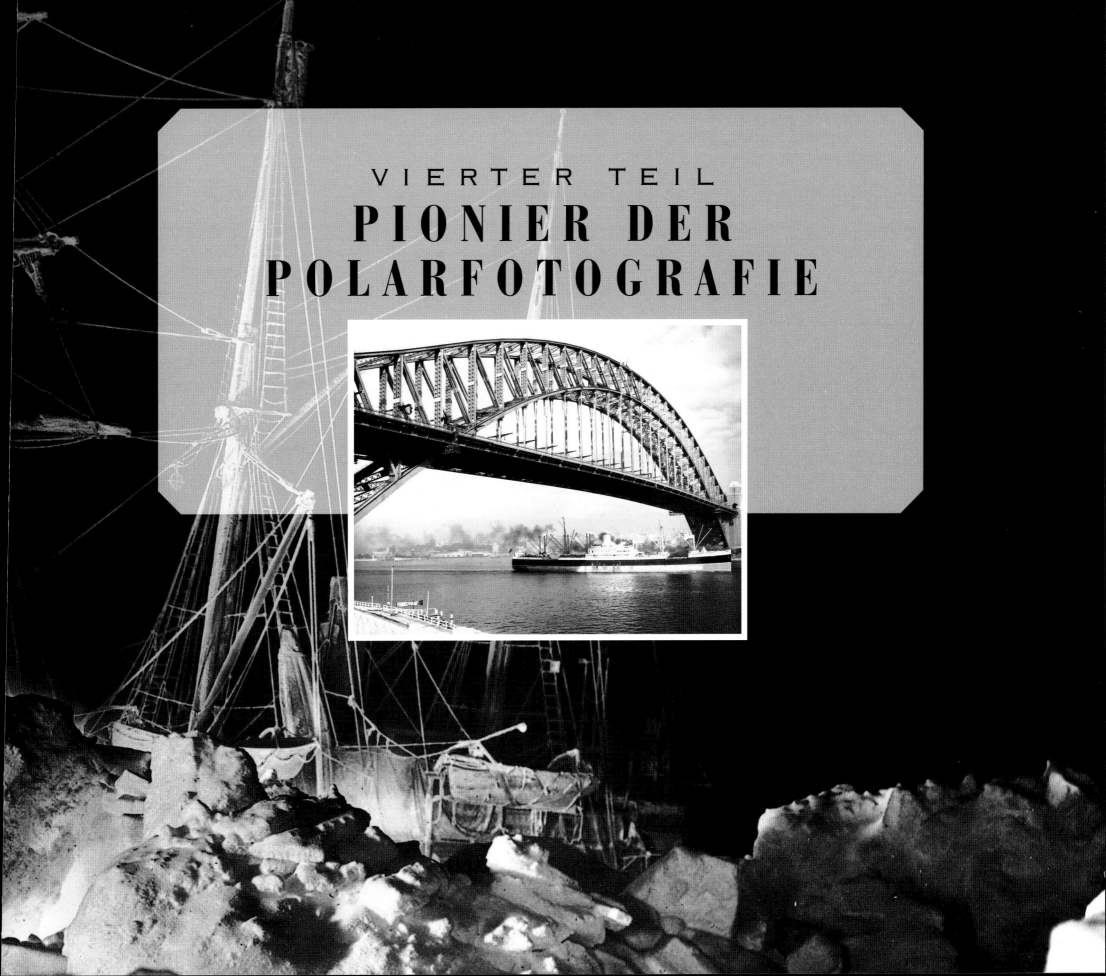

VIERTER TEIL
PIONIER DER POLARFOTOGRAFIE

PIONIER DER POLARFOTOGRAFIE

Michael Gray und Gael Newton

Einige der spektakulärsten Beispiele von Hurleys »extremer Fotografie« entstanden von einer speziell angefertigten Plattform hoch oben auf dem Nock backbords in der Takelage. Auf dem Bild sieht man Hurley mit einer Prestwich Nr. 1 Filmkamera.

Die Studien der letzten Jahre über Frank Hurley haben das Besondere an seinem Werk zum Vorschein gebracht: Er war sowohl erzählender Dokumentarist als auch ein Pionier der Fototechnik seiner Zeit.

Hurleys erste veröffentlichte Fotografien, die Anfang 1916 sofort nach seiner Rückkehr von der legendären Imperial Trans-Antarctic Expedition erschienen waren, wurden begeistert aufgenommen. Hugh Lyall Watson, Sonderkorrespondent des *Buenos Aires Herald,* sandte einen Artikel an seine Zeitung, nachdem er Hurley 1916 bei Harrod's in Buenos Aires zum Tee getroffen hatte. Aus seiner Beschreibung der Fotos wird deutlich, dass sich ihm die kulturelle und ästhetische Bedeutung von Hurleys antarktischer Bildersymbolik gut vermittelte. Er ging so weit zu sagen, dass die Bilder »für immer die weltweite Vorstellung von der Antarktis veränderten«. Watson schrieb: »Wir sehen nicht die glatten, glitzernden Eisschichten, die in Abenteuerbüchern so üblich sind. Stattdessen gibt es Hügel und Täler und holprigen Boden. Große Findlinge und kleinere Steine sind nicht zu vergleichen mit zerklüfteter felsiger Küste. Aber es ist das Eis, das alle Vorstellungskraft übertrifft, denn es wird noch fantastischer durch einen Überzug von Schnee und Raureif, die zur erhabenen Größe des Schauspiels beitragen.«

Von der Antarktis-Expedition, deren Überlebensgeschichte in der Literatur der Polarforschung einzigartig ist, brachte Hurley 150 Glasplatten-Negative mit, auf denen Bilder einer grausamen und oft Furcht einflößenden Region festgehalten sind. Diese bisher fast unbekannte Welt erwies sich als dramatisch und atemberaubend schön, dynamisch, unberechenbar und veränderlich. Für Hurley lag der Reiz der Expedition nicht nur in der Gefahr und der Einmaligkeit der Schauplätze, sondern auch in den Möglichkeiten, die sie der Fotografie bot. Zweifellos spürte er von Anfang an, dass sie seine größte Chance, aber auch seine größte Herausforderung werden würde. Dass er dabei weit über die ursprünglichen Instruktionen seines Vorgesetzten hinausging und mit seinen Bildern unvergängliche Dokumente menschlicher Anstrengung, Ausdauer und Tatkraft schuf, ist ein weiteres bleibendes Verdienst Hurleys.

FRANK HURLEY UND DIE ENDURANCE-EXPEDITION

Frank Hurley besaß alle Voraussetzungen für die Stelle eines Expeditionsfotografen. Seine Fotografien und Filme von der Antarktis hatten weltweit beachtliche Aufmerksamkeit und Anerkennung gefunden, zum Teil wegen Filmen wie *Home of the Blizzard,* der in Sydney 1913 Premiere hatte und später in London gezeigt wurde. Zudem schien Hurley über unbegrenzte Reserven an Energie, Enthusiasmus und Motivation zu verfügen.

Doch trotz seiner Antarktiserfahrung waren es offenbar finanzielle Erwägungen, die Shackleton dazu bewogen haben, ihn als Expeditionsfotografen zu engagieren. Thomas Orde-Lees schrieb: »Als Sir Ernest noch 25 000 Pfund fehlten, um die Kosten der Expedition zu decken, wurde ihm diese Summe von einer Presseagentur angeboten, unter der Bedingung, dass er den kürzlich von Mawsons Expedition zurückgekehrten Kameramann verpflichtete.«

HURLEY, DER ERSTE VERTRETER DER »EXTREMEN FOTOGRAFIE«

Von Anfang an stellte Hurley auf der Expedition an sich und seine Arbeit die höchsten Anforderungen, und es gab praktisch kein Motiv, das er nicht festzuhalten und zu dokumentieren versuchte, ganz gleich wie exponiert oder gefährlich sein Standort war. Es gibt viele Stellen in seinem Tagebuch – und in denen anderer Expeditionsmitglieder –, die belegen, wie viel Zeit er darauf verwandte, unter mühevollen und riskanten Bedingungen sensationelle Bilder zu machen. Besonders ein Wesenszug unterschied Hurley von anderen Fotografen, die ebenfalls unter rauen und lebensgefährlichen Bedingungen arbeiteten: Er achtete nicht auf seine persönliche Sicherheit. Er war der erste Fotograf einer Richtung, die wir »extreme Fotografie« nennen können. Dabei ging er nicht nur gelegentlich ein Risiko ein – er besaß einen Wagemut, der fester Bestandteil seines Charakters war. Immer wieder berichteten Expeditionsmitglieder von seinen Aktivitäten, besonders auf der Hinreise, als er bei jedem Wetter draußen war.

Frank Worsley, der Kapitän der *Endurance,* war daran gewöhnt, erfahrene und gewandte Seeleute in der Takelage arbeiten zu sehen, aber er hatte wegen der Sicherheit des Australiers oft Bedenken, wie aus der folgenden Stelle in seinem Tagebuch hervorgeht: »Hurley, der Unverwüstliche, sitzt wie ein Huhn auf dem Nock des Marssegels und macht eine Farbaufnahme von Schiff & Eis … Er ist ein Wunder – mit fröhlicher australischer Ungezwungenheit begibt er sich ganz allein nach oben in die Takelage & überallhin, an die gefährlichsten und rutschigsten Stellen, die er finden kann, jederzeit zufrieden & glücklich, aber fluchend, bis er ein gutes oder neues Bild machen kann. Er steht bar[häuptig] & mit im Wind flatterndem Haar, wo wir Handschuhe und Kopfbedeckung haben. Er macht seinen Schnappschuss oder dreht seine Kurbel, flucht dabei vor Freude und führt seine Vitalität vor.«

Auch in seinem Buch *Endurance, an Epic of Polar Adventure* äußert Kapitän Worsley bei der Schilderung der letzten Augenblicke der *Endurance* sichtlich größere Besorgnis um Hurley als um die zersplitterten Überreste seines einst ruhmreichen Schiffs: »Die letzte Arbeit unseres Kameramanns Frank Hurley, ehe seine wertvolle Kamera weggeworfen wurde, bestand darin, die Masten der Endurance zu filmen, als diese durch die vordrängenden Eisschollen weggeknickt wurden. Es bedurfte äußerster Sorgfalt und präzisester Berechnung, um die umstürzenden Masten filmen zu können. Er berechnete seine Distanz so genau, dass die Masten wenige Fuß von ihm entfernt aufschlugen. Sein professioneller Instinkt war derart ausgeprägt und es lag ihm so viel daran, eine einzigartige Aufnahme zu machen, dass es ihn nicht kümmerte, um ein Haar einer Katastrophe entronnen zu sein. Er war ein mutiger Mann.«

Frank Hurley nahm das Ende der Endurance *mit einer ähnlichen Filmkamera auf. Um dieses Ereignis festzuhalten, ignorierte er jegliche Gefahr.*

Dieser unerschrockene Abenteurer hatte jedoch noch eine andere Seite. Als er den Schauplatz eines seiner schönsten Panoramabilder beschrieb, das er von einer Anhöhe über der Walfangstation in Grytviken auf South Georgia aufgenommen hatte, war er entsetzt vom Widerspruch, der diesem Bild anhaftete: »Trotz der fast überirdischen Schönheit der Landschaft ist man tief bestürzt über die stinkenden Schwaden, die über dem schmierigen Wasser hängen. Sie stammen von der Walfangstation in Grytviken am Anfang der Bucht & von unzähligen Walkadavern, die in der Nähe treiben & am Ufer entlang gestrandet sind. Wirbelsäulen, abgetrennte Rückenwirbel, Rippen und Kieferknochen häufen sich am Uferrand. Nur einen Steinwurf entfernt lassen sich leicht 100 riesige Schädel zählen. Über allem ragen die Spitze von Mt. Paget & der weiße Gipfel des Sugartop, majestätisch und mächtig. Doch selbst diese großartige Szenerie wird verpestet, weil sie durch den Gestank ihren Glanz verliert.« Eine Woche später ist sein Abscheu vor dem Walfanggewerbe noch genauso stark spürbar: »Die Ufer von King Edward Cove sind so mit Abfällen und Überresten verschmutzt, dass man dieses Gewerbe nur mit Ekel betrachten kann«, schrieb er. Nach Australien zurückgekehrt, setzte er sich energisch für das Ende der Schlächterei ein.

NACHTAUFNAHMEN DER TODGEWEIHTEN ENDURANCE

Frank Hurleys Entschlusskraft und großes Engagement werden deutlich, wenn wir einige seiner wichtigen Fotografien näher untersuchen – insbesondere die Serie von der im Eis festgesetzten *Endurance,* die er nachts mit ungewöhnlich vielen Blitzlichtern aufgenommen hat.

Hurley nahm von der im Eis eingeschlossenen Endurance *zwei Ganzplattennegative auf. Diese Fotografie entstand in der Nacht des 27. August 1915 und erforderte 20 Blitzlichter.*

Die *Endurance* saß seit dem 17. Juli 1915 bewegungsunfähig im Eis fest, wurde schließlich am 27. Oktober zerstört und ging unter. Zwischen diesen beiden Daten hatte Hurley offensichtlich freie Hand und konnte nach Belieben fotografieren, ohne Filmmaterial für den zukünftigen Gebrauch aufheben oder retten zu müssen. Shackleton nahm vermutlich an, dass das nächtliche Fotografieren die Mannschaft und die Expeditionsmitglieder vom Ernst der Lage ablenken könnte.

Hurley fertigte zwei Ganzplatten-Negative von der im Eis eingeschlossenen *Endurance* an. Er beschrieb, wie er am Freitag, dem 27. August, eine Aufnahme machte: »In der Nacht Blitzlichtaufnahme vom Schiff, das vom Eis bedrängt wird. Sie erforderte etwa 20 Blitzlichter, eines hinter jedem vorspringenden Eishügel und mindestens 10 Blitzlichter für die ausreichende Beleuchtung des Schiffs. Halb geblendet von den aufeinander folgenden Blitzlichtern verlor ich zwischen den Hügeln die Orientierung, schlug mit dem Schienbein gegen vorspringende Eisspitzen & stolperte in tiefe Schneewehen … Nach der Entwicklung erwies sich das Negativ als befriedigend & war die Mühe im Kalten wert.«

Es ist außerordentlich schwierig zu entscheiden, ob die beiden Bilder nun ein Positiv oder Negativ sind. Jedes Bild sieht zunächst ganz unkompliziert aus: ein weißer oder heller Himmel als Hintergrund einer dunklen, dichten Masse von zarten diagonalen und eckigen Linien, die sich über den eisverkrusteten Schiffskörper ziehen – auf dem ersten Bild neigt er sich zur linken Seite des Fotografen, während er sich auf dem zweiten praktisch seitlich zur Kamera befindet. Diese Ambivalenz kann man am deutlichsten erkennen, wenn man Negativ- und Positivreproduktionen der Bilder miteinander vergleicht.

Hurley hat vielleicht schon auf früheren Antarktisreisen daran gedacht, Nachtaufnahmen anzufertigen; das Magnesiumpulver in seiner Fotoausrüstung ist ein Indiz dafür, dass er bei dieser Expedition mit Nachtaufnahmen experimentieren wollte. Der wahre Grund für seine großen Anstrengungen, diese Bilder einzufangen, ist jedoch vermutlich die Schwierigkeit, die Takelage während der kurzen Tage zu fotografieren. Trotzdem gab es wohl verschiedene Faktoren, die seine Entscheidung beeinflussten, nachts zu fotografieren: das Fehlen eines deutlichen Kontrasts zwischen Schiff, Himmel und mit dickem Eis überzogenen Masten und Tauwerk, das Blitzlicht sowie die Unmöglichkeit, in der Dunkelkammer so kleine und eng begrenzte Stellen von Abtönungen »zurückzuhalten« oder in den Abzug »einzubringen«.

ZUERST DIE ARBEIT, DANN DAS SPIEL

Als am 30. August 1916 die Gruppe auf Elephant Island endlich gerettet wurde, war es Hurleys erstes Anliegen, seine Fotonegative und unentwickelten Filme sicherzustellen. Er schrieb in sein Tagebuch: »… alle Sachen, Aufzeichnungen, Fotonegative und einiges andere, wurden zusammen mit dem kranken Blackborow [sic] zu einem für die Einschiffung geeigneten Felsen getragen.«

Die wieder vereinte Mannschaft traf drei Tage später in Punta Arenas, Chile, ein und verließ stürmisch umjubelt am Sonntagnachmittag die *Yelcho*. Hurley hatte jedoch wenig Lust auszuruhen – seine Energie und Willenskraft schienen ungebrochen, obwohl er kaum Zeit damit verbracht hatte, sich von der antarktischen Tortur zu erholen.

Am Tag darauf machte er am Nachmittag die Bekanntschaft des Fotografen C. Veiga. »Der bekannteste Fotograf der Stadt stellte mir seine schönen Dunkelkammern zur Verfügung«, notierte Hurley in seinem Tagebuch, »und ich verbringe die meiste Zeit mit Entwickeln. Alle Platten, die auf dem Wrack vor fast zwölf Monaten belichtet wurden, kamen vorzüglich heraus. Der kleine Kodakfilm litt unter der langen Aufbewahrung, aber er wird abzugsfähig sein. Nicht alle Einzelbilder sind von gleicher Dichte und Qualität. Außer dreien oder vieren sind alle extrem dünn, mit einer Dichte, die gerade noch Abzüge erlaubt … Mr. Dixon, Chefingenieur der chilenischen Marine, lässt ein Entwicklungsgerät bauen, damit ich meinen (Kino-)Film durchlaufen lassen kann.«

Hurley lehnte eine Einladung zum Empfang des Gouverneurs mit der Bemerkung ab, dass »mich die fotografische Arbeit von diesen vielfältigen Verpflichtungen entlastet. Gemessen an den Schwierigkeiten, unter denen meine Arbeit stattfand, und der Tatsache, dass viele Filme vor zwölf Monaten belichtet wurden und das Verfallsdatum der Filme etwa zu dieser Zeit ablief, war sie außergewöhnlich erfolgreich.«

Drei Tage lang arbeitete Hurley unentwegt in der Dunkelkammer. Er konnte nicht ruhen, bis alle Filme und Platten entwickelt waren. Den Mittwoch verbrachte er mit der Entwicklung der Kinofilmrollen. »Der vor zwölf Monaten belichtete Film [im September 1915 und später] hat nichts von seiner ausgezeichneten Qualität eingebüßt.«

Bald darauf traf Hurley in London ein, um das Filmmaterial und die Fotografien von der *Endurance*-Expedition Shackletons Filmagenten Ernest Perris zu übergeben. Kurz darauf bemängelte Perris, was Hurley bereits ahnte: Für einen publikumswirksamen Film gab es nicht genug Material über die Tierwelt und den Schauplatz. Um neues Filmmaterial zu beschaffen, reiste Hurley Mitte Februar 1917 von London ab und kehrte nach South Georgia zurück. Das zusätzliche Material ermöglichte den Film *In the Grip of the Polar Ice,* der einige Monate später anlief. Sowohl der Film als auch eine mit Fotografien illustrierte Vortragsreihe waren so erfolgreich, dass Shackleton bis Juli 1917 seine Schulden begleichen konnte.

Die Polarforscher der Jahrhundertwende konnten auf Fördergelder zurückgreifen, die aus unterschiedlichen Quellen stammten: von privaten Gönnern, vom Staat, von Organisationen und aus der Geschäftswelt. Auch Vorschüsse auf Exklusivrechte von Zeitungen und für Filme gehörten dazu. Für die Öffentlichkeit waren die spannenden Geschichten vom heroischen Kampf in den fernen Eisgebieten der südlichen Meere nicht nur ein Beispiel an Wagemut, sie lenkten auch von den Schrecken des ersten Kriegs im Industriezeitalter ab. Dieses öffentliche Interesse an den Expeditionsberichten machte die Durchführung von Forschungsreisen erst möglich. Bücher, Interviews, Vorträge und Filme der Expeditionsleiter und -mitglieder erwiesen sich für das Unternehmen als genauso wichtig wie ihre auf Prestige bedachten Berichte für die wissenschaftlichen Gremien. Obwohl die Zeitungen erst seit etwa 1904 fotomechanische Reproduktionen verwendeten, wussten sowohl Kapitän Robert Scott (Britische Antarktis-Expedition von 1910–1913) als auch Dr. Douglas Mawson (Australasiatische Antarktis-Expedition von 1911–1914), dass dafür Bilder von ausgezeichneter Qualität notwendig waren. Sie engagierten daher die ersten professionellen Werbefotografen für ihre antarktischen Expeditionen. Wie Herbert Ponting auf Kapitän Scotts Südpolexpedition veränderte auch Frank Hurley auf Shackletons Forschungsreise den Stil der Fotografie entscheidend, um sie für die Aufzeichnung und Dokumentation von Expeditionen zu nutzen.

Die 35 mm Prestwick Nr. 5 mit Handkurbel gleicht der Filmkamera, die Hurley auf der Endurance-Expedition *benutzt hatte.*

HURLEYS UND PONTINGS ARBEITEN

Hurleys Leistung kann nur vor dem Hintergrund von Herbert Pontings Antarktisfotografien beurteilt werden. Ponting hat wie Hurley den Anspruch erhoben, der erste gewesen zu sein, der der Weltöffentlichkeit ein Bild von der Antarktis vermittelte. Beide waren mehr als nur Standfotografen, da sie Filme drehten, Vorträge hielten und Bücher schrieben. Zudem genossen sie große Anerkennung, da sie ein besonderes Geschick in der Handhabung der Kamera und beim Anfertigen von Abzügen zeigten.

Für die Leitung einer herkömmlichen Expedition waren diese professionellen Werbefotografen ein Novum. Sie fuhren aus geschäftlichen Gründen in die Antarktis, und da sie andere, eigene Projekte aufschieben mussten, trugen sie auch ein erhebliches finanzielles Risiko.

Diese Aufnahme einer unveröffentlichten Werbung für Taylor, Hobson and Coche stammt etwa aus dem Jahr 1920 und zeigt »Serien lichtstarker 3a-Objektive. Kinematografie. Porträts«, wie sie Hurley und Ponting benutzt haben.

Wie bei allen kreativen und technisch begabten Fotografen stellt diese Mischung aus Kunst und Kommerz eine besondere Herausforderung an die kritische und historische Einschätzung ihres Werks dar. Beide waren beruflich vielseitig – Ponting vor seiner Arbeit am Südpol und Hurley noch Jahrzehnte danach. Hurley war sehr produktiv und brachte sich selbst gut zur Geltung, indem er sich in allen Sparten seiner beruflichen Laufbahn profilierte. Seine Arbeit umfasst das Postkartengeschäft und die Polarexpeditionen vor dem Ersten Weltkrieg, Kriegsfotos und -filme in beiden Weltkriegen, Reise- und Expeditionsfotografie, Filme in den Tropen, Tonfilmproduktion in den 30er-Jahren und zuletzt den ungewöhnlichen Band mit australischen Landschaftsaufnahmen, die ihn seit den 40er-Jahren bis zu seinem Tode sehr beschäftigten. Da er aber in Australien zu Hause war, verschwand er aus dem Blickfeld der internationalen Fotografie, die die Maßstäbe setzte.

Sowohl Ponting als auch Hurley zeigten und verbreiteten vielerorts Aufsehen erregend große Kohledrucke ihrer Arbeiten, wodurch sie mehr Interessenten erreichten, als dies mit Zeitungen, Büchern oder der flüchtig flimmernden Kinoleinwand der Fall gewesen wäre. Diese Kohledrucke wurden in England von derselben Firma angefertigt und gleichen sich im Stil. Ihr gemeinsames Erbe sind die Jahre zwischen dem Niedergang des Handels mit »Ansichten« im 19. Jahrhundert, als Originalabzüge direkt verkauft wurden, aber nicht mechanisch reproduziert werden konnten, und dem modernen Fotojournalismus der 30er-Jahre, als »Schaufenster für Reisen und Expeditionen« wie das *Life Magazine* (erstmals 1936) gegründet wurden. Erstaunlicherweise erzielten Pontings und Hurleys große Kohledrucke bis zu den 90er-Jahren keine hohen Preise, und ihre Arbeiten beeinflussten auch nicht die Aktivitäten der »Wilderness Society«-Bewegung der 60er- und 70er-Jahre.

Ponting, der aus einer wohlhabenden Familie des Mittelstands stammte, hatte bei seiner Arbeit ein gebildetes und vornehmes Publikum sowie die gehobenen Illustrierten im Auge. Hurley, ein Junge der Arbeiterklasse aus den Kolonien, war mehr ein Kind der modernen Zeitungs- und Magazinära, der Musicalshows, des Kinos und der Wochenschauen. Die beiden Männer trafen sich 1916 in London, der eine am Ende eines kreativen Lebens, der andere erst am Anfang. Jeder hatte großen Respekt vor den Leistungen des anderen, beide waren Autodidakten und hatten als Berufung das Wanderdasein des Reisefotografen gewählt – und das Recht, anzunehmen, Meister ihres Mediums zu sein.

Ponting war das Musterbeispiel eines edwardianischen Ästheten und stolz auf seine kultivierte Sensibilität. Er war jedoch körperlich stark genug, um den Anforderungen, die die Reisefotografie stellte, standzuhalten. Als er sich Scotts Expedition anschloss, wies ihn dieser aber trotz seiner Erfahrung an, sich lieber auf seine Fotografie zu konzentrieren, als an der allgemeinen Arbeit teilzunehmen. Scott befürchtete offenbar, dass Ponting körperlicher Arbeit nicht gewachsen war und nicht das geistige Durchhaltevermögen für die dunklen Wintermonate besaß. Der Antarktisfotograf und

Gelehrte Richard Ferguson schrieb: »Obwohl Ponting auf der Suche nach Motiven weit gereist war, wurde er bei keiner der Schlittenexkursionen mitgenommen, auf denen man die von Cape Evans aus zugänglichen Regionen vermessen und erforscht hat. Zum Ausgleich hatte er sich mit Erfahrungen zu begnügen, die auf die sichere Nähe der Hütte begrenzt waren, und mit einer Zweitagereise, auf der er die Polarexpedition begleitete. Das schränkte die Wirklichkeitsnähe der Bilder von der Expedition stark ein, denn Schlittenfahrten auf dem Eisschelf oder dem Plateau gehörten zum wichtigsten Teil der Feldarbeit, und Ponting musste viele Szenen für Standfotos und Filmaufnahmen arrangieren.«

Dagegen ließ Shackleton Hurley freie Hand – nicht nur alles zu fotografieren, was er wollte, sondern dabei auch die Hilfe anderer Expeditionsmitglieder in Anspruch zu nehmen. Es war vielleicht diese Freiheit oder sein Temperament, dass es Hurley gelang, Bilder von der *Endurance* anzufertigen, die persönlicher und intimer waren, als es Ponting je hätte erhoffen können.

Das Foto von Frank Hurley, das eine kleine Gestalt in der Eiswüste der Antarktis zeigt, weist stilistische Ähnlichkeiten mit den Arbeiten Herbert Pontings auf.

Die markanten Unterschiede zwischen den zwei Männern werden in ihrem fotografischen Werk evident. Ponting strebte in seinen sorgfältig komponierten Bildern klassische Eleganz und »Ton« an. Seine Porträtstudien – reich im Detail, gut ausgeleuchtet, sorgfältig inszeniert und meist Nahaufnahmen – sind eindrucksvoller als Hurleys Gruppenbilder, die eher eine Vorstellung vom beengten Leben in den Hütten und auf den Schiffen wiedergeben. Hurleys unverwechselbarer Kompositionsstil wurde durch offene Räume mit klaren Horizonten, weit ausgreifende Perspektiven, Tiefenschärfe und deutliche Details bestimmt, die durch dramatische Beleuchtung, Wolkeneffekte, Nahaufnahmen von Tieren und Menschen und einrahmende Elemente nach Art der romantischen Landschaftsfotografen belebt wurden. Während sich Hurley zur Natur und Tierwelt, von der antarktischen Flora bis zu den Expeditionshunden, hingezogen fühlte, besaß Ponting ein schärferes und feineres Gespür für die Darstellung von Personen in der Landschaft. Bei ihrer Arbeit in der Antarktis beschränkten sich beide auf die schwarzen Silhouetten winziger Gestalten vor der ungeheuerlichen Weite der Eisfelder – nicht nur des Stils wegen, sondern auch weil richtig belichteter Schnee normalerweise dunkle Gestalten und Gesichter bedeutete.

Sowohl Ponting als auch Hurley hatten eine ausgeprägte technische und innovative Seite und übernahmen bereitwillig neue Technologien für Film und Ton. Heute sind die Probleme, mit denen im Freien arbeitende Fotografen konfrontiert waren, nur noch schwer nachzuvollziehen: Gewöhnlich wog eine Fotoausrüstung für diesen Zweck 44 Pfund (etwa 20 Kilogramm). Die modernen Kameras der Jahrhundertwende waren groß, und Berufsfotografen zogen die größeren Formate – 10 x 8 und 5 x 4 – den Viertelplattenkameras vor, die bei Amateuren beliebt waren. Zudem kannten weder Ponting noch Hurley ältere erfahrene Fotografen, die sie hätten beraten können. Hurley schrieb in seinem Tagebuch oft von den Schwierigkeiten, unter den Bedingungen der Antarktis eine Kamera zu handhaben. »Meine Kamera ist ein Schreckgespenst und ihre Benutzung ein Albtraum«, notierte er einmal. »Jedes Mal, wenn ich den Verschluss einstellen muss, sind winzige Schrauben von der Vorderseite [mit ausgezogenen Handschuhen] abzunehmen und der Mechanismus in Ordnung zu bringen.« Während dieses Vorgangs klebten die Schrauben an seiner Haut fest.

Beide Männer folgten dem Trend, schöne Landschaften zu fotografieren. Sie knüpften dabei an einen Stil an, den im späten 19. Jahrhundert Fotografen wie Adolphe Braun, Bisson Freres und die Amerikaner William Jackson und Edward Muybridge begründet hatten. Angesichts der zunehmenden industriellen und urbanen kapitalistischen Welt bot die neue Landschaftsfotografie idealistische Visionen von den unberührten Räumen eines verlorenen Paradieses.

Zwei Ansichten der FPK Nr. 3a von Kodak – der einzigen Kamera, die Hurley auf Elephant Island hatte, um das Warten auf die Rettung zu dokumentieren.

Beide zeigten auch unendliche Geduld, auf den richtigen Effekt zu warten. Ponting aber arbeitete nur mit dem, was er vor seiner Linse hatte. Er reiste zum Beispiel öfter zum selben Aufnahmeort gegenüber des Fudschijama in Japan, um von ihm ein Bild durch die im Vordergrund zitternden Gräser festzuhalten. Hurley hingegen war völlig damit zufrieden, sein Bild wenn nötig zusammenzusetzen. Er hätte gern den Fudschijama bestiegen und sich über einen Abgrund gehängt, um einen Schnappschuss zu bekommen. Doch er wäre auch bereit gewesen, eine Komposition aus Fotografien von Gräsern und Wolken selbst aus fremden Ländern anzufertigen, um die gewünschte Wirkung zu erzielen. Hurley befolgte den Rat seines Vaters, »einen Weg zu finden oder ihn zu machen«, ganz wörtlich, besonders wenn es darum ging, Bilder zu machen, statt sie aufzunehmen.

Denn anders als Ponting war Hurley von Anfang an entschlossen, seine Bilder einer breiten Öffentlichkeit zugänglich zu machen. 1905 begann er, Montagen und Kompositionen anzufertigen, und diese Methode behielt er sein ganzes Leben lang bei. Auf seinen Bildern wandern Wolken von Ort zu Ort, Menschen tauchen auf und verschwinden, überhängende Zweige erzeugen ein Spiegelmuster oder rahmen verschiedene Ansichten ein, Hügel und Berge bewegen sich von einem Bildhintergrund zum anderen, und ein Mann im Ruderboot erscheint auf demselben Fluss in zwei verschiedenen Staaten. Manchmal tauchen die Arrangements sogar in derselben Publikation auf. Hat man diese Vorgehensweise einmal durchschaut, wirkt sie belustigend, manchmal auch irritierend. Doch sie ist nicht mit böser Absicht oder bewusster Irreführung angewandt – letztlich schadet sie keinem und spielt heute für die Beurteilung seines Werks keine wesentliche Rolle. Dennoch waren es diese Neuerungen, die entscheidend dazu beitrugen, dass Hurley von den folgenden Generationen nicht als »seriös« anerkannt wurde. Sein ganzes Leben hindurch änderte und retuschierte er viele seiner Bilder und gab ihnen einen neuen Sinn auf der Suche nach dem »perfekten« Bild.

HURLEYS ÄSTHETIK

In einem seiner ersten Artikel setzte sich Hurley für experimentelles und kontrolliertes Arbeiten ein. Die Kunst der Fotografie sei »nicht eine exakte Wiedergabe der Natur und ein Bild nicht eine Dokumentation der Dinge im Blickfeld«, schrieb er in einem Artikel über Nachtfotografie in der *Australasian Photo-Review* vom Juni 1911. »Betrachte deine Kamera wie ein Künstler seinen Pinsel. Denke daran, dass du ein Gerät in der Hand hast, das die gleichen Möglichkeiten bietet wie das des Künstlers … deine Kamera ist nur ein mechanischer Apparat. Du bist sein Intellekt.«

Er billigte damit jedoch nicht die idealisierte, subjektive Selbstdarstellung von Freunden wie etwa Norman Deck und Henri Mallard, die impressionistische Weichzeichnerstudien im Stil des »fuzzy-wuzzy«-Piktoralismus anfertigten. Nahaufnahmen und Selbstbetrachtung lehnte Hurley ab. Für ihn bedeutete das Leben als Fotograf die Freiheit, hinauszugehen und aktiv und unabhängig zu sein. Er war besessen von seiner Arbeit und immun gegenüber übertriebenem Besitzstreben. Letztlich spiegelten seine Wertvorstellungen von Disziplin und männlicher Kraft diejenigen des Britischen Empires, die ihn in seiner Jugend geprägt haben. Hurley machte keine Anleihen bei den Motiven älterer Piktoralisten, die sich mit Dekorativem oder personenbezogenen Details befassten, wie sie etwa im Werk von Harold Cazneaux zu finden sind, der 1878 geboren wurde und dessen anmutige und stilvolle Stadtbilder und Landschaften die australischen Fotosalons von 1910 bis 1930 beherrschten. Auch folgte er nicht den jüngeren, zwischen 1910 und 1920 geborenen Avantgarde-Fotografen wie Max Dupain und Olive Cotton, die den Modernismus uneingeschränkt akzeptierten und Porträts in Großaufnahme, Akte, abstrakte Stillleben und emotional beschwingte Landschaften hervorbrachten. Ihn interessierten auch nicht die sozialen Belange der Dokumentarbewegung oder die Entwicklung des Fotojournalismus. Stattdessen kann Frank Hurley mit einer früheren Generation von Berufsfotografen in Zusammenhang gebracht werden, die sich auf Stadtansichten und Landschaftsbilder spezialisiert hatten und den Fortschritt des Landes auf dem Wege von einer britischen Kolonie zu einer Nation 1901 demonstrierten. Die klassische »Ansichten«-Fotografie des 19. Jahrhunderts folgte im Grunde der Tradition topografischer Gemälde, Zeichnungen und Drucke, die weite, tiefe und oftmals panoramische Perspektiven bevorzugten. Die traditionellen topografischen Künstler zeigten mit klarer Deutlichkeit die Ordnung, die ein unerschlossenes Land durch Besiedlung und Bebauung erhielt.

Hurley, der um die Jahrhundertwende das Erwachsenenalter erreichte, war auch Erbe eines ganz anderen Fotografiestils, der neueren künstlerischen Trends folgte, indem er sich des Stils, Geschmacks und dekorativen Effekts bewusst war. Die Aufnahmen von Kunstfotografen, die zu Beginn seiner Laufbahn bedeutend waren, wurden zunehmend in Magazinen und Zeitschriften wie dem *Amateur Photographer* und den jährlichen *Photograms of the Year* abgedruckt. Von ihnen lernte Hurley viele Techniken, mit denen sich Fotos spannender gestalten ließen.

Dieses Foto von der Harbour Bridge in Sydney, das Hurley um 1940 aufgenommen hat, drückt seinen Stolz über die Entwicklung Australiens von einer Kolonie zu einer Nation aus.

Hurleys Werk war in der breiten Öffentlichkeit außerordentlich erfolgreich, aber in Kreisen der Avantgarde galt er als altmodisch – und wurde wegen seiner Methode, die nicht ihrem Purismus entsprach, getadelt. Überseeische Trends, die sich zu seiner Zeit entwickelten und denen viele seiner Zeitgenossen folgten, nahm Hurley vermutlich nicht wahr. Modernisten wie Edward Weston oder Landschaftsfotografen wie Anselm Adams scheinen ihm unbekannt gewesen zu sein.

Hurleys ästhetisches Ideal war es, die Natur zu übertreffen und in Kunst zu verwandeln. Er strebte ein eindrucksvolles Bild von seinem Motiv an und nie nur ein repräsentatives. Auf einer anderen Ebene entsprach sein Idealismus dem eines Cutters von Spielfilmen; in seiner Zeit entstand der Kinofilm, und Hurley war einer der ersten professionellen Kameramänner Australiens. Er war nie ein Dokumentarfotograf oder Filmer im landläufigen Sinn. Er machte seine Reportagen in einer Periode des Übergangs, noch vor den 30er-Jahren, als das Konzept vom nicht manipulierten authentischen Fotografieren im »entscheidenden Augenblick« zur Ideologie der Dokumentarfotografie und des Fotojournalismus gehörte.

Im 19. Jahrhundert war die Reisefotografie bereits gut etabliert, und es bestand kein Mangel an unerschrockenen Fotografen, die als Erste ihre optische Ausbeute nach Europa bringen wollten. Hurley war jedoch kein »visueller Kundschafter«, sondern ein Gestalter von Bildern. Die Fotografie hatte sich von der neutralen Berichterstattung wegentwickelt und lieferte nun dynamische Bilder für Medien eines internationalen und dem Wettkampf ausgesetzten Marktes. Hurley arbeitete für die Öffentlichkeit, nicht für Seinesgleichen. Er legte die strengsten Maßstäbe an ein perfekt belichtetes Negativ mit Tiefenschärfe, aber er respektierte nicht die klassische Einheit von Zeit und Ort, wenn sie die Erzählung behinderte. Es hätte ihn mit Stolz erfüllt, dass er dafür geschätzt wird, nicht nur attraktive Bilder aufgenommen, sondern auch gemacht zu haben, um sein Publikum zu unterhalten, zu informieren und einzubeziehen. Durch diese Leistung, sein außergewöhnliches Geschick sowie – um seine eigenen Worte zu gebrauchen – seinen starken Willen »fand er einen Weg und machte einen« – und kann zu Recht als einer der größten Fotopioniere des 20. Jahrhunderts angesehen werden.

FRANK HURLEYS KAMERAS, AUSRÜSTUNG UND MATERIAL

Der Beginn des 20. Jahrhunderts war für die Fotografie eine Zeit großer Erfindungen. Die Einführung von Rollfilmkameras, die Nitrozellulosefilme verwendeten, führte schließlich zur Ablösung von Glas durch Kunststoff als dem hauptsächlichen Emulsionsträger. Doch die Umstellung brauchte viel länger als ursprünglich angenommen; es dauerte noch einmal 50 Jahre bis zur Einführung des Kunststoffmaterials auf Estar-Basis, das eine dichte und genaue Abstimmung von Farbe und Duoton für die Druckvorstufe und die Fotografik erlaubte. Immerhin wurden noch bis Mitte der 60er-Jahre in bestimmten Bereichen der Berufsfotografie Glasplatten verwendet.

Die Einführung der kleinen, tragbaren Rollfilmkameras durch George Eastman (später Eastman-Kodak) 1897 war anfangs ausschließlich für den Amateurmarkt gedacht; der Einzelhandelspreis für die Klappkamera Folding Pocket Kodak betrug gerade acht Dollar. Berufsfotografen sahen in ihnen kaum mehr als ein Spielzeug. Selbst die nächste Generation von Kodakkameras, die 1900 eingeführte Vest Pocket Kodak VPK Nr. 3 und die spätere FPK Nr. 3a, gefolgt von den ersten Brownies, war bei weitem nicht so robust und langlebig wie die entsprechenden europäischen Kameras gleichen Formats – etwa die Goerz-Anschütz.

Als Frank Hurley seine Ausrüstung für die *Endurance*-Expedition zusammenstellte, waren demnach die Vorteile, die die neuen Filme und Kameras boten, nicht so überzeugend, als dass er die alten Apparate zugunsten der neuen ausrangiert hätte. Es lag nicht nur daran, dass Berufsfotografen gewöhnt waren, mit Glasnegativen umzugehen und zu arbeiten: Film war schwieriger zu belichten und zu retuschieren als Glas, er wurde leichter beschädigt und über seine Langlebigkeit und Beständigkeit war noch nichts bekannt. Für den Berufsfotografen standen die Kosten niemals an erster Stelle. Kameras wurden und werden als Arbeitsmittel betrachtet: Qualität, Zuverlässigkeit und Dauerhaftigkeit sind die wichtigsten Kriterien.

Ausrüstung für die Endurance-Expedition

Es gibt keine Aufstellung, aus der sicher hervorgeht, welche Apparate und Ausrüstung Hurley für die Expedition vorgesehen hatte, denn die zwei ursprünglichen Quellen – ein Artikel in der Zeitschrift *Australasian Photo-Review* vom August 1922 und eine von Hurley im Ocean Camp gemachte Inventarliste – weichen voneinander ab. Wir wissen weniger über seine grundlegenden Schwarzweißfotografien als über seine Paget-Farbbilder und Filme. Die Tatsache, dass es Widersprüche zwischen den verschiedenen Listen gibt, könnte darauf hinweisen, dass er eine größere Auswahl an Geräten mit auf die Reise nahm und dass vermutlich ein Teil davon nie verwendet wurde.

Kameras

Zu Hurleys Ausrüstung gehörten drei Folmer & Schwing Graflex-Kameras (die Firma wurde 1905 von Eastman-Kodak übernommen und firmierte als Folmer & Schwing Division of Eastman-Kodak). Alle drei waren mit Cooke-Objektiven von Taylor, Hobson and Cooke in Leicester, England, ausgestattet.

Es ist nicht klar, ob es sich bei allen drei Graflex-Kameras um das gleiche Modell oder um verschiedene handelte. Dennoch lässt sich mit ziemlicher Sicherheit annehmen, dass zumindest eine der drei eine Folmer & Schwing Naturalist Graflex von 1907 war. Sie hatte nach Brian Coe, dem früheren Kurator des Kodak-Museums in London, einen »ansehnlichen Balgenauszug, der den Einbau von Objektiven mit langer Brennweite erlaubte«. Das Gerät war ziemlich groß, unhandlich, sperrig und brauchte ein kräftiges Stativ, um immer benutzbar zu sein. Der Sucherschacht enthielt einen Spiegel, so dass die Kamera in Augenhöhe benutzt werden konnte, und das Bild konnte im Sucher vertikal gedreht werden. Es gibt zumindest zwei Hinweise, dass eine Reihe von Mikrofotoaufnahmen von

---

Verzeichnis aller bekannten Kameras

Das folgende Verzeichnis basiert auf einem Artikel in der *Australasian Photo-Review* vom August 1922 (APR) und der von Hurley im Ocean Camp (OCI) gemachten Aufstellung.

Kameraausrüstung (Fotoapparate)
3 Folmer & Schwing Graflex, einäugige Spiegelreflexkamera, 1904 eingeführt, 120 x 178 mm (APR);
1 Vest Pocket Kodak, VPK Nr. 3, Springspreizbalgenkamera, 1900 eingeführt, 83 x 108 mm (APR);
1 Folding Pocket Kodak, FPK Nr. 3a, Springbalgenkamera, 1900 eingeführt, 83 x 140 mm (3) (APR);
1 Goerz-Anschütz Klappboxkamera (Spreizkamera), 1905 eingeführt, 108 x 170 mm (Halbplatte) (OCI);
nicht identifizierte Ganzplatte, viereckiger Balgen, Mahagony/Messing, hochklappbares Frontteil, 170 x 215 mm (Ganzplatte), (zwei, selbes Format, nicht identifizierter Hersteller) (APR);
1 Panoramakamera Kodak Nr. 4 Panoram (1899) 83 x 305 mm (OCI).

Kameraausrüstung (Filmkameras)
Photograph 1 Prestwich Nr. 5 Cinecamera, 1901 eingeführt; Photograph 1 nicht identifiziert, Newman and Sinclair Cinecamera (APR); Photograph 1 Mikrocinema Gerät, nicht identifiziert (APR).

Objektive
Advertisement Cooke portrait 12 Inch f : 3,5 (APR); Mooy/Hurley, Ross Telecentric, 17 Inch f : 5,4 (APR); Cooke Optical Co. Cine, nicht identifiziert, verschieden.

zumindest zwei Hinweise, dass eine Reihe von Mikrofotoaufnahmen von Moosen, Flechten und anderen winzigen Lebewesen gemacht wurden, die einen langen Balgenauszug verlangten.

Zwei andere Modelle, die ungefähr zur gleichen Zeit auf den Markt kamen, waren die 3a Graflex (1907) und die 1a Graflex (1910). Hurley dürfte die original Press Graflex wegen des Schlitzverschlusses und der kürzesten Belichtungszeit von 1/1200stel Sekunde für seine Arbeit auf der *Endurance* und in ihrer Umgebung bei viel Sonne bevorzugt haben. Sie war als Kombinationskamera gebaut, sowohl für Rollfilm wie für 5 x 7 Inch Glasplatten.

Das OCI-Verzeichnis nennt auch eine Goerz-Anschütz, ein standfester Apparat und für einen Berufsfotografen die bevorzugte Wahl gegenüber der kleineren, leichteren Kodak, die unter normalen Umständen benutzt wurde. Die Holzkonstruktion der Goerz-Anschütz mit wenigen Metallteilen war viel leichter zu bedienen und schützte den Film in extremen Temperaturen besser als die Kameras mit Metallgehäuse. Bei oft weit unter dem Gefrierpunkt liegenden Temperaturen konnte die Haut des Fotografen versehentlich an den blanken Metallteilen der Kamera haften bleiben. Die deutsche Kamera war eine Ganzplattenkamera. Es ist daher sehr wahrscheinlich, dass Hurley diese Kamera zuerst an Bord der *Endurance* und später im Ocean Camp und im Patience Camp benutzt hat. Erst nach dem Untergang der *Endurance* blieben Hurley nur die FPK 3a und drei Rollen Film.

Die »kinematografische Kamera« war die Prestwich Nr. 5, eine der frühesten britischen Filmkameras. Sie basierte auf der Originalkonstruktion von William Friese-Greene und hatte die verbesserte und neu konstruierte Filmtransportmechanik der Prestwich Nr. 1. Der originale Transportgreifermechanismus war von Friese-Greene entworfen und gebaut worden, doch sonst ist über Geschichte oder den Hintergrund der zu den ersten zählenden 35-mm-Kameras wenig bekannt.

Im Verzeichnis war auch eine »Mikrofilm-Ausrüstung« genannt. Sofern Hurley nicht ein Gerät unbekannter Herkunft erworben hat, waren die einzigen Mikrofilmkameras, die zu dieser Zeit erhältlich waren und in geringem Umfang hergestellt wurden, The Tourist Multiple Camera, die 1913 auf den Markt kam, und Sinclair's Centrum Film Camera, die nach Brian Coe nicht vor 1915 verfügbar war und demzufolge nicht Bestandteil der Ausrüstung für die *Endurance*-Expedition sein konnte. The Tourist Multiple Camera könnte von Kodak, Australien, geliefert worden sein, was aber aus dem Artikel in der

> **Verwendete Glasplatten-Negative und Filme:**
> »Austral« (Eastman-Kodak) Standardplatten (lichthoffrei) 120 x 178 mm (5 x 7 Inch) (APR); »Austral« Diapositiv (Eastman-Kodak) 120 x 178 mm (5 x 7 Inch) (APR); Imperial SR (besonders schnell) (Imperial Dry Plate Company, Cricklewood) 170 x 215 mm (Ganzplatte 8 $^1/_2$ x 6 $^1/_4$ Inch) (OCI); Imperial (Normal) (Imperial) 170 x 215 mm (Ganzplatte 8 $^1/_2$ x 6 $^1/_4$ Inch) (OCI); Strippable Ordinary (Imperial) 170 x 215 mm (Ganzplatte 8 $^1/_2$ x 6 $^1/_4$ Inch) (OCI); Imperial (Normal) (Imperial) 170 x 108 mm (Halbplatte 4 $^1/_4$ x 6 $^1/_4$ Inch) (OCI); Autochrome Platten-Farbdiapositive (Autochrome) 170 x 108 mm (Halbplatte 4 $^1/_4$ x 6 $^1/_4$ Inch) (OCI).

Australasian Photo-Review nicht hervorgeht. Es gibt Indizien für die Annahme, dass Hurley oder Shackleton mit einem Sinclair-Prototypen ausgestattet wurden, um ihn auf der Imperial Trans-Antarctic Expedition zu testen und zu beurteilen.

Verwendete Nitrozellulose-Filme

Nitrozellulose-Bestand, schwarzweiß (Eastman-Kodak), Format 127 mm und 118 mm (OCI); Paget-Farbdiapositivfilm plus Paget-Raster, Format 127 mm (OCI).

Das OCI verzeichnet nur den Bestand an Glasplatten-Fotonegativen der Imperial Dry Plate Company. Im Gegensatz dazu erklärt die APR in ihrem Artikel: »Hurley sollte das beste Fotomaterial bekommen, das je auf eine Expedition geschickt wurde. Alles wurde von Kodak Ltd geliefert.«

Keines der einzelnen 5 x 7 Inch-Glasplatten-Negative ist erhalten, auch kein Exemplar eines Nitrozellulose-Negativs des gleichen Formats. Von den Halbplatten-Originalnegativen gibt es noch wenige, wahrscheinlich auch eine Zahl anderer Bilder, aber nur in Form von Negativkopien, bei denen die Verifikation des Filmtyps und des Formats nicht mehr möglich ist.

Das Verzeichnis listet 1 $^1/_2$ Gros (216 Stück) Ganzplatten Strippable-Ordinary-Glasnegative auf. Die Tatsache, dass Hurley eine so große Menge an abziehfähigen Negativen hatte, ist außerordentlich interessant, angesichts der Vermutung, dass Hurley von einigen der Negative Kopien hergestellt hat.

Früher wie heute gibt es zwei Möglichkeiten, um eine Fotografie zu kopieren. Bei der verbreitetsten Methode wird vom Negativ ein vergrößerter Abzug gemacht, vorzugsweise auf Mattpapier, unter Benutzung eines sanft wirkenden Metol-Entwicklers; Halbtöne werden so gut wie möglich erhalten, und das Foto wird mehr oder weniger grau und hell abgezogen. Alle folgenden Retuschen werden durch Übermalen mit Gummi arabicum oder Sandarak mattiert. Dann wird der fertige Abzug abfotografiert.

Die zweite Methode ist technisch schwieriger und kostet mehr Zeit und Material, bringt aber ein weit besseres Ergebnis. Sie erfordert die Verwendung des oben erwähnten speziellen Abziehfilms. Dieser Prozess verlangt Kontaktabzüge des Originalnegativs auf eine zweite Platte, was ein Positivbild auf Glas in gleicher Größe ergibt. Der Prozess wird dann wiederholt, um dieses Interpositivbild in ein Negativ zurückzuverwandeln. Das reduziert den Verlust an Glanzlicht oder Halbtönen. Abgesehen von einer Spur Lichtreflexen entlang der vier Außenkanten des Glases gibt es keinen Unterschied zwischen dem Original und der Kopie.

Es ist möglich, dass Hurley zusätzliche Kopien oder sogar Originalnegative mit zurückbrachte. Dies könnte einige der offensichtlichen Diskrepanzen erklären, die noch immer über die genaue Anzahl der Negative bestehen, die von der Expedition stammen.

Hurley war außerordentlich begabt, einfallsreich und vielseitig: ein perfekter Fotograf in jeder Hinsicht, in der Theorie wie in der Praxis, hinter der Kamera wie in der Dunkelkammer. Auch wenn wir akzeptieren müssen, dass wir niemals mit Gewissheit werden sagen können, welche seiner Negative Originale sind und

FÜNFTER TEIL
KATALOG

Die Expedition

»Hurley & McIlroy saßen auf dem Dach eines Schuppens & filmten uns & die Menge & die Verabschiedung. 10.45 mit zwei Schleppern abgelegt …«
Worsley, Tagebuch, 26. Oktober 1914. *[SPRI]*

»Die SY *[Steam Yacht]* Endurance verlässt Buenos Aires am 27. Oktober 1914«, lautet Hurleys Anmerkung im *Green Album*. Expeditionstagebücher und Zeitungsnachrichten nennen den 26. Oktober als Abfahrtsdatum des Schiffs. In seinen schriftlichen Aufzeichnungen verwechselt Hurley manchmal das Datum der Aufnahme eines Bildes mit dem der Entwicklung. *[SPRI; s. S. 67]*

Die meisten Teilnehmer der Weddellmeer-Mannschaft, aufgenommen in der Nähe von Buenos Aires. Oberste Reihe: Holness, Bakewell. Zweite Reihe: McNish, James, Wild, Worsley, Stephenson, Hudson, How, Green. Dritte Reihe: Cheetham, Crean, Hussey, Greenstreet, Shackleton, Sir Daniel Gooch (er galt nicht als ständiges Mitglied der Expedition und kehrte von South Georgia nach England zurück), Rickenson, Hurley. Vordere Reihe: Clark, Wordie, Macklin, Marston, McIlroy. Es fehlen: Orde-Lees (der das Foto aufnahm), Vincent, Kerr, McCarthy, McLeod. *[RGS; s. S. 67. Das Foto aus dem* Green Album *wurde von den Crewmitgliedern unterzeichnet; s. S. 31.]*

»[Wir] luden den Pastor & die Direktoren der Walfangstationen zum Lunch an Bord ein. Die meisten sind Walfangkapitäne. Alles Norweger & sehr fröhliche Burschen, die Sir E's Gastfreundschaft sehr zu schätzen schienen«, schrieb Frank Worsley in seinem Tagebuch am 12. November 1914. Es existieren mehrere Kopien dieses Fotos, jedes mit einer Widmung von Shackleton für die verschiedenen Männer bei ihm versehen. Thoralf Sørlle ist ganz rechts neben Worsley zu erkennen, Kapitän Thom steht hinten in der Mitte. *[SPRI; s. S. 12]*

Die Abkürzungen am Ende der Bildlegenden weisen auf die Quelle hin:
RGS = Royal Geographical Society
SPRI = Scott Polar Research Institute
SLNSW = State Library of New South Wales

Die angegebenen Seitenzahlen verweisen auf dieselbe Abbildung in vorangegangenen Kapiteln.

Das Deck der *Endurance* mit den Hundezwingern kurz nach der Abfahrt von South Georgia. Die Decken waren ein Geschenk der Familie Scott in Buenos Aires. Das umgebaute Ruderboot, die *Nancy Endurance*, wurde von Walfängern benutzt und aufrecht vertaut. *[RGS; s. S. 66]*

Frank Wild genießt auf der Fahrt von Buenos Aires nach South Georgia mit einigen der Hunde die Zeit an Deck. *[RGS; s. S. 68]*

Macklin mit Hackenschmidt und Samson während der Reise in Richtung Süden. *[SPRI]*

Alexander Macklin striegelt Mooch und Splitlip während der Fahrt zur Vahsel Bay an Bord der *Endurance*. *[SPRI]*

Grytviken vor dem in Nebel gehüllten Duce Fell. Beschnittenes Foto; das Original zeigt rechts im Vordergrund einen stehenden Mann. *[SPRI]*

King Edward Cove, South Georgia, 1914. Das kleinere der beiden vor Anker liegenden Schiffe ist die *Endurance*. *[RGS; s. S. 69]*

»Bulldog Peak«, wie Hurley diesen eindrucksvollen Berg an der Spitze des Moraine Fjord betitelte, findet sich nicht im Ortsnamenverzeichnis von South Georgia. *[SLNSW]*

Perce Blackborow, blinder Passagier, und Mrs. Chippy, McNishs Kater. »[William] Bakewell und Blackborow waren Matrosen auf der Golden Gate, die am Wellenbrecher von Montevideo Schiffbruch erlitt. Mr. Bakewell und Blackborow fuhren nach Buenos Aires in der Hoffnung, dort ein anderes Schiff zu finden. Sie sahen die Endurance und fragten, ob Matrosen gebraucht würden. Mr. Bakewell wurde genommen, Blackborow nicht, weil er zu jung war …« Blackborow sah in Shackleton einen der größten Forschungsreisenden der Geschichte. *[SPRI; s. S. 68]*

Aus zwei original Ganzplatten der Royal Geographic Society *[s. S. 70/71]* kombinierte Hurley ein Panorama von Grytviken auf South Georgia mit zwei Personen auf einem Felsen in der Mitte. *[SPRI]*

»Hurley wollte zeitig mit der Kameraarbeit beginnen. Er, Clark und ich brachen mit dem kleinen Boot auf. Es war ein schöner Morgen, und das Rudern über die Bucht war herrlich. Wir mussten etwas aufpassen, denn es gab eine Barriere vor der Bucht«, schrieb Reginald James über eine Fahrt zum Moraine Fjord am 24. November 1914. *[RGS]*

Wordie, Hurley, Clark und James, der diese Aufnahme gemacht hatte, statteten Veslegard Hut einen zweitägigen Besuch ab. Sie fotografierten, sammelten Proben für Clarks Forschung und aßen Pinguineieromeletts. 27. und 28. November 1914. *[SPRI]*

Es gab Situationen, schrieb Hurley, in denen die Hunde seine Kamera mit »Verachtung« behandelten. *[SPRI]*

Hackenschmidt, ein Mitglied von Hurleys Gespann, und Samson, der für McIlroy arbeitete. *[SPRI]*

Das Deck der *Endurance* zeigt die Anordnung und Unterbringung der Hunde. Ansicht Richtung Achterdeck. *[SPRI]*

Die *Endurance* tauft ihren Bug mit dem Packeis des Weddellmeeres, Dezember 1914. *[RGS; s. S. 8, S. 13, S. 72]*

»Saint, ein guter, alter Hund stirbt in der Nacht. Er kränkelte & verweigerte seit 48 Stunden die Nahrung & wurde gestern an Bord gebracht, in Säcke gewickelt, mit Milch & Brandy gefüttert & auch sonst behandelt ... Wir glauben, dass er an einer Blinddarmentzündung litt.« Worsley, Tagebuch, 2. März 1915. *[RGS]*

Mit Dampf durch lose Packeisschollen im Weddellmeer kreuzen – vom Krähennest aus gesehen. *[RGS; s. S. 2, S. 73]*

»Ein See inmitten von Eisrinnen«, schreibt Hurley im *Green Album*. Kopie vom Negativ. *[RGS]*

Auf dem Weg in das offene Meer – und die Vahsel Bay. Hurley machte von derselben Stelle noch andere, ähnliche Aufnahmen. Dies ist jedoch die einzige auf einer 1/1-Platte. *[RGS; s. S. 75]*

Auf der Fahrt von South Georgia zur Vahsel Bay traf das Schiff auf Eis. Shackleton hielt sich oft im Krähennest auf, um den Kurs nach Süden anzuweisen. *[SPRI]*

»Tagsüber kamen wir erfreulich gut voran. Wir passierten weite Felder von jungem oder ziemlich frisch gebildetem Eis, das sich schnell auflöste. Elegant schnitt sich das Schiff seinen Weg hindurch, das Kielwasser blieb über eine Meile lang offen.« Hurley, Tagebuch, 1. Januar 1915. *[RGS; s. S. 74]*

Das dicke, undurchdringliche Packeis, das das Schiff am 19. Januar 1915 einschloss. *[SPRI]*

»… um 10 Uhr vormittags fuhren wir in eine lange Rinne eisfreien Wassers, in dem einige Eisberge mit großartigen Formen drifteten. Einen, ein schöner keilförmiger Brocken von 200 Fuß Höhe, habe ich fotografiert.«
Hurley, Tagebuch, 21. Dezember 1914. [RGS; s. S. 75]

»… Ich brachte auf der Brücke einen Wetterschutz an …«, schrieb der Schiffszimmermann Harry McNish am 11. Dezember 1914. Am folgenden Tag hatte McNish »… Frühstück & ölte alles ringsum ein & säuberte Werkzeuge & machte ein Semaphor-Signal für die Brücke …« Das Foto wurde wahrscheinlich am selben Tag oder kurz danach aufgenommen. [RGS; s. S. 76]

»Nähern uns einem hohen, abgeplatteten Berg im Packeis …«, so Hurley im *Blue Album*, das von Raines & Company hergestellt wurde und jetzt im Besitz des Scott Polar Research Institute ist. [RGS]

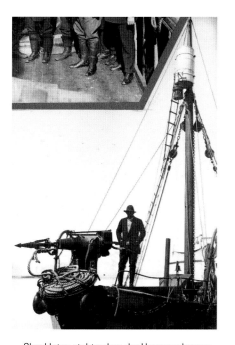

Shackleton steht neben der Harpunenkanone eines Walfangbootes, das in South Georgia angelegt hat, 1914. [SPRI]

»Schnell zur Scholle & die Hunde bewegen, die sich mit Maulkorb losreißen & mehrere tauchen unfreiwillig unter. Zwei Hunde halten ein Becken mit sehr blauem Wasser & Brucheis für etwas, worauf man gehen kann; drei andere fallen einfach über die Kante. Alle genießen den Auslauf sehr.«
Worsley, Tagebuch, 6. Januar 1915. [SPRI; s. S. 77]

Training der Hunde auf dem Eis während eines erzwungenen Stopps am 6. Januar 1915. Es ist das erste Mal seit fast einem Monat, dass die Hunde nicht mehr angekettet sind und aus dem Zwinger dürfen. *[RGS; s. S. 77]*

Shackleton überprüft das Eis vor dem Schiff, während Hurley die Szene mit der Filmkamera von einer hoch gelegenen Stelle aus festhält. *[RGS; s. S. 61, S. 79]*

»Hurley, der Unverwüstliche … macht eine Farbaufnahme von Schiff & Eis … Er ist ein Wunder – mit fröhlicher australischer Ungezwungenheit begibt er sich ganz allein nach oben in die Takelage & überallhin, an die gefährlichsten & rutschigsten Stellen, die er finden kann, jederzeit zufrieden & glücklich, aber fluchend, bis er ein gutes oder neues Bild machen kann.« Worsley, Tagebuch, 24. Januar 1915.
[Oben: SPRI; rechts: RGS; s. S. 80, S. 232]

Das mit Raureif überzogene Tauwerk. *[SPRI; s. S. 81]*

Die Barriere von Coats-Land, etwa 100 Fuß (31 Meter) hoch. Breite 72° 10′ S, Länge 16° 57′ W. Obgleich auf dem Foto nicht sichtbar, gab es zahlreiche Robben und Pinguine. Die Farbe des Meeres wechselte von tiefem Blau zu hellem Grün. An diesem Tag, dem 10. Januar 1915, machte das Schiff, von Eisbergen unbehindert, seine beste Fahrt (136 Meilen/218 Kilometer). *[RGS; s. S. 81]*

»Hurley ging auf die Eisscholle, um das Schiff zu fotografieren, musste aber eiligst zurückkehren, als der Eishügel, an dem wir unser Heck mit einem Draht festgemacht hatten, mit einem Stück der Eisscholle wegbrach und wir von der Scholle weg hin und her schaukelten. Dies passierte wahrscheinlich deshalb, weil wir für das Foto einige Segel gesetzt hatten, obwohl nur ein ganz leichter Wind wehte.« Orde-Lees, Tagebuch, 14. Januar 1915. *[SLNSW; s. S. 87]*

»[Hurley] gelang eine schöne Farbaufnahme von Cheetham … mit dem roten Hoheitszeichen & der australischen Flagge«, schrieb Reginald James am 25. Januar 1915. Am folgenden Tag notierte Orde-Lees: »Hurley hat einige großartige Farbfotos gemacht.« *[SLNSW; s. S. 82]*

»Ein kleiner Eisberg – mit Eisleuchten am Horizont. 8. Januar, 69° 28′ S, 20° 9′ W …«, so Hurleys Aufzeichnung im *Green Album*. *[RGS; s. S. 78]*

Eine der raren Stellen offenen Wassers auf dem Weg zur Vahsel Bay am 13. Januar 1915. *[RGS; s. S. 78]*

Als Shackleton am 12. Januar 1915 an diesen Tieren vorbeifuhr, ließ er das Schiff wenden und auf eine Eisscholle auflaufen. Er dachte, eine neue antarktische Vogelart entdeckt zu haben, und merkte erst später, dass es sich um Kaiserpinguinküken handelte. *[RGS; s. S. 85]*

Eine Krabbenfresserrobbe kurz bevor sie getötet wird und als Hundefutter dient. Krabbenfresser essen Krill und nicht Krabben, wie ihr Name vermuten lässt. Sie leben vorzugsweise auf Packeis und ziehen dort auch ihre Jungen auf. *[SPRI]*

Eisleuchten am 8. Januar 1915. Ein Eisleuchten entsteht, wenn Sonnenlicht auf einem Eisfeld gegen den Himmel reflektiert – am Horizont zeigt sich dann eine auffallend hell strahlende Linie. *[RGS]*

Ansicht eines Eisberges, vielleicht jener, den die Mannschaft später »Rampart-Eisberg« nannte. Offensichtlich vom Krähennest aus fotografiert, 16. Januar 1915. *[RGS]*

Brucheis und Eisberge auf der Route zur Vahsel Bay. *[Oben und Mitte: RGS]*

Obgleich aus Hurleys *Green Album* hervorgeht, dass dieses Foto aufgenommen wurde, bevor das Schiff vom Eis eingeschlossen war, bleibt es ein klassisches Porträt vom Schiff – und vom Eis. Man beachte die leichte Neigung nach Steuerbord. *[RGS; s. S. 84]*

»Gestern gegen Mitternacht begann das Eis aufzubrechen & nur 200 Yard vor uns öffnete sich eine Rinne. Bis 10 Uhr morgens verbreiterte sie sich auf ¼ Meile. Deshalb wurden alle Segel gesetzt & mit den Maschinen unter voller Kraft voraus wurde ein Versuch gemacht, durch das Eis zu brechen. Drei Stunden lang waren wir schnell, lediglich achtern wurde etwas Eis weggewaschen & das Ruder wurde frei. Ich gehe ›an Land‹ & mache ein Bild von Schiff & Eisscholle.« Hurley, Tagebuch, 25. Januar 1915. *[RGS; s. S. 10, S. 86]*

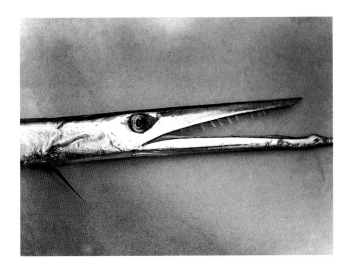

»Clark sichert ½ Exemplar von der Fischart, die wir eine Robbe am 11. [Januar] fressen sahen. Es ist eines der *alepidosauridae*, mit der Makrele verwandt & hat außerordentlich lange, scharfe Kiefer mit langen, dünnen Zähnen leicht gekrümmt & am ganzen Körper und Kopf von sehr schöner silberner Farbe. Wir sahen, wie die Sturmvögel sie fraßen – leider hatten sie die Hälfte verzehrt, bevor wir sie erwischten …« Worsley, Tagebuch, 15. Januar 1915, mit einer kleinen Zeichnung, die mit dem Foto fast identisch ist. *[RGS]*

»Die Eisoberfläche hat sich völlig verändert. Vor dem Schiff erscheint sie als unendliches Chaos von Hügeln und Graten, Eisnadeln und zerbrochenen Blöcken, die sich in wildem Durcheinander aufgetürmt haben. Zwei riesige Stücke wurden auf die Oberfläche der Scholle geschoben. Sie sind mehrere Fuß dick und aus festem Eis, das über 30 Tonnen wiegt.« Hurley, Tagebuch, 5. August 1915. *[RGS]*

Shackletons Kabine, in der ursprünglich Worsley wohnte, an Bord der *Endurance*. Shackleton war besonders an der »Weiterbildung« der Männer interessiert. Wenn sie in seiner Bibliothek Polarliteratur ausliehen oder lasen, fragte er sie oft aus. McNish isolierte die Kabine Anfang März 1915. *[RGS; s. S. 89]*

Diese Aufnahme wäre zwar in der Zeit, als die *Endurance* im Eis festsaß, beinahe immer möglich gewesen, aber die Platte wurde wahrscheinlich belichtet, bevor das Schiff eingeschlossen wurde und während Orde-Lees und Hurley beim Skilaufen waren. *[RGS; s. S. 85]*

Bei 74° 10′ S, 27° 10′ W wird die Fahrt blockiert. Die Männer erkunden am 14. Januar 1915 zu Fuß die Eisscholle. *[RGS]*

Schneeräumen auf Deck während einer Stockung auf dem Weg nach Süden zur Vahsel Bay. *[RGS; s. S. 100]*

»Das weitere Vorankommen nach Süden ist wegen undurchdringlichem Packeis blockiert. 20. Januar 1915. Aufgenommen an dem Tag, als die Endurance endgültig ›aufgehalten‹ wurde und schließlich einfror«, schrieb Hurley im *Green Album*. *[RGS; s. S. 93]*

Die im Eis eingefrorene *Endurance*. *[SPRI]*

Eine weitere Ansicht der *Endurance* beim Versuch, auf ihrer Route nach Süden voranzukommen. *[SPRI]*

Tom Crean mit drei von Sadies sechs lebensschwachen Welpen, geboren am Abend des 9. Mai 1915. Buchanan, besser bekannt als »The Guinea Pig« (Meerschweinchen), überlebte unter McIlroys Pflege bis zum 7. August, als es Sägemehl und anderen Abfall fraß und starb. *[SPRI]*

Crean und »seine« Welpen (Abkömmlinge von Sally und Samson): Roger, Toby (hinten), Nell (vorn) und Nelson. 7. Februar 1915. *[RGS; s. S. 92]*

Creans Welpen wurden am 7. Januar 1915 geboren und am 7. Februar gefilmt und mit der Plattenkamera fotografiert.
[Ganz oben und oben: SPRI; s. S. 93]

Creans Welpen wurden, selbst als sie ausgewachsen waren, gewöhnlich nicht angekettet und liefen frei umher. *[SPRI]*

Das eingefriedete Gelände und der »Hunde-Iglu«, wo Sally und ihre ersten Nachkommen (Creans Welpen) residierten, bis die vier Welpen sich an die antarktischen Bedingungen gewöhnt hatten. Februar 1915. *[SPRI; s. S. 152]*

Crean und »seine« Welpen neben dem Schiff vor Ende des Winters 1915. *[SPRI]*

Ansicht vom Rampart-Eisberg, den Hurley, Wordie und Worsley am 11. März 1914 besuchten. *[SPRI; s. S. 217]*

Ein Presseisrücken, im Januar 1915 gegenüber einer Rinne beobachtet. *[SLNSW]*

Dieses Foto wurde offensichtlich vom Schiffsdeck aus aufgenommen. Hurleys etwas verwirrende Beschreibung lautet: »Ein Sonnenuntergang im Hochsommer mit Nahaufnahme der eingefrorenen Endurance.« *[SLNSW; s. S. 90]*

»Wordie, Worsley und ich besuchen den Rampart-Eisberg. Er liegt etwa acht Meilen südlich des Schiffes und ist wegen seiner unregelmäßigen Form sehr malerisch. Wir verließen das Schiff zu Fuß um 8 Uhr früh und zogen einen leichten Schlitten mit der Fotoausrüstung und dem Lunch.« Hurley, Tagebuch, 11. März 1915. Hurley benutzte später Varianten dieses Bildes für viele kombinierte Abzüge. *[RGS]*

Eines von Hurleys selten verwendeten Bildern von der *Endurance*-Expedition zeigt die großartige Szenerie und das »seltsame Dasein« im Weddellmeer. *[SPRI]*

»Manche von den Wachen gehen jeden Morgen auf die Eisscholle und brechen etwas Eis. Es wird in einem Korb draußen vor der Offiziersmesse aufbewahrt, und jeder, der Wasser braucht, muss das Gefäß [auf dem Ofen] mit der entsprechenden Menge Eis füllen ... Da die Temperatur immer weit unter dem Gefrierpunkt ist, können wir das Eis überall auf dem Schiff aufbewahren, ohne dass es schmilzt, gerade so, als ob es Salz oder Soda wäre.« Orde-Lees, Tagebuch, 6. Februar 1915. *[SPRI]*

Das zu Hügeln aufgetürmte Packeis bei 74° 10' S, 27° 10' W. *[SPRI]*

Die im Packeis eingefrorene *Endurance*, März 1915. *[RGS]*

Hubert »Buddha« Hudson, Navigationsoffizier, mit Kaiserpinguinküken, 12. Januar 1915. Er galt bei der Mannschaft der *Endurance* als weit gereister Frauenheld, wurde aber auch für ein bisschen »langweilig« gehalten. Während der Bootsfahrt nach Elephant Island erlitt er an den Händen Erfrierungen, die bleibende Schäden verursachten. *[SPRI; s. S. 98]*

John Vincent flickt ein Netz auf dem Deck der *Endurance*. Hurley hat dieses Foto vermutlich am selben Tag aufgenommen wie das Paget-Farbfoto von Cheetham. *[SLNSW; s. S. 83]*

»Crean (stehend) und Cheetham« lautet Hurleys Bildunterschrift im *Green Album*. *[SPRI]*

»Alf« Cheetham und Tom Crean. Obgleich »Irish giant« (irischer Riese) genannt, geht aus Creans Seemannspapieren hervor, dass er nur 6 Fuß (1,80 Meter) groß war. Cheetham hatte von allen an Bord der *Endurance* die größte Erfahrung in der Antarktis, war aber nie Mitglied einer Landgruppe. *[RGS]*

Der Zweite Offizier Frank Wild in Sommer- und Winterkleidung. *[SPRI]*

Sir Ernest Shackleton. »Niemals die Flagge eingeholt, niemals aufgegeben.« *[RGS]*

Kapitän Frank Worsley an der hinteren Luke neben seiner Kajüte. *[RGS; s. S. 88]*

Frank Wild, 7. Februar 1915. »Er fungiert als Sir Ernests Stellvertreter, und wenn er uns Anweisungen zu geben hat, tut er das in nettester Form, vor allem wenn es um Instruktionen zu besonders lästigen Arbeiten geht … Er ist vierzig Jahre alt, ziemlich klein, aber drahtig und zäh genug, um Erfolg zu haben.«
Orde-Lees, Tagebuch, 13. Juni 1915. *[RGS; s. S. 96]*

Porträt von Dr. James McIlroy, 7. Februar 1915. Vor der *Endurance*-Expedition hatte McIlroy, der vermutlich das kosmopolitischste Mitglied der Mannschaft war, als Arzt in Japan, Ägypten und Malaya praktiziert. McIlroy hatte einen schneidenden, aber niemals bösartigen Sarkasmus. Er galt als guter Arzt, der besonders einfühlsam mit Kranken umgehen konnte. *[RGS]*

Porträt von Tom Crean, 7. Februar 1915. »… ein guter Charakter, einer der zuverlässigsten Männer der Expedition.«
Orde-Lees, Tagebuch, 10. Oktober 1915.
Kopie vom Negativ. *[RGS; s. S. 88]*

Leonard Hussey, Meteorologe. »Er ist B. Sc. (Bachelor of Science) der University of London & in seinem Beruf hoch anerkannt. Er ist zwar erst 23 Jahre alt, hat aber bereits Erfahrung.«
Orde-Lees, Tagebuch, 14. Oktober 1915. *[SPRI; s. S. 97]*

James Wordie, Geologe. »›Jock‹ … ist ein weiterer echter Schotte aus Glasgow. Er hat ein liebenswürdiges Temperament & einen wunderbaren, überaus trockenen Humor.«
Orde-Lees, Tagebuch, 16. Oktober 1915. *[SPRI; s. S. 98]*

Lieutenant Frank Worsley, RNR [Royal Naval Reserve]. »Er ist ein Energiebündel. Seine Aktivität & sein Eifer sind außergewöhnlich.«
Orde-Lees, Tagebuch, 11. Juli 1915. *[SPRI; s. S. 97]*

Thomas Orde-Lees, Motorspezialist, führte ein umfangreiches Tagebuch, in dem er u. a. aufzeichnete, wie die anderen ihn sahen und darstellten, wie etwa: »Lees ist zuweilen ein bisschen zu sehr bemüht, Sir Ernest zu gefallen. Letzte Nacht ahmte Dr. McIlroy ihn geschickt nach: (In höchst übertriebener Weise herumtänzelnd) ›Ja, Sir, o ja gewiss Sir, Sardinen Sir.‹« Orde-Lees, Tagebuch, 7. Juni 1915. [SPRI; s. S. 98]

Sir Daniel Gooch, Bart [Baronet], an Bord der Endurance, 1914. Frank Wild bemerkte einmal, dass »Curly« der diszipliniertste, kräftigste Seemann war, den er jemals getroffen hatte. [SPRI]

Robert »Bob« Clark, Biologe. »Ein durch und durch prima Kerl. Er ist ein Fußballspieler mit einigem Verdienst und ›schmeißt‹ die Spiele für uns. Er arbeitet hart, ist ständig dabei, Pinguine zu enthäuten … ein Meeresbiologe & ein Allround-Naturforscher mit beachtlichen Kenntnissen.« Orde-Lees, Tagebuch, 15. Oktober 1915. [SPRI; s. S. 98]

Frank Hurley, Fotograf. »Er fertigte stets eigens gemischte Chemikalien an und machte alles selbst: Entwickeln, Abzüge herstellen, Kolorieren. Er hatte seine großen Wannen sowie Vergrößerungsapparate und was er sonst brauchte. Seine Fingernägel waren durch die Chemikalien immer braun. Die beste Ausrüstung und die präzisesten Objektive.« [SPRI; s. S. 97]

Alexander Macklin, Chirurg. »Auch wenn er nicht wie ein Schotte spricht, so ist er doch ein typischer. Er braust ziemlich schnell auf, ist aber absolut fair.« Orde-Lees, Tagebuch, 26. September 1915. [SPRI; s. S. 97]

Reginald James, Physiker. »Jimmy … ist ein sehr gelehrter Mann, weit mehr, als man bei flüchtiger Bekanntschaft meinen mag.« Orde-Lees, Tagebuch, 29. Juni 1915. [SPRI; s. S. 98]

Frank Hurley in seiner Burberry-Schlittenausrüstung. Dieses Foto wird meist für ein Studioporträt gehalten, es könnte jedoch auch von Orde-Lees am 7. Februar 1915 aufgenommen worden sein. [RGS; s. S. 7]

George Marston, Künstler. Seiner Mimik wegen »Putty« genannt. Auf der Endurance-Expedition war er als Hundegespannführer für die transkontinentale Reise sowie für die Expeditionskleidung zuständig. [SPRI; s. S. 97]

Die *Endurance* von weitem. Diese Aufnahme entstand wahrscheinlich am selben Tag, als Hurley eine ähnliche in Paget-Farbe machte. *[SPRI; s. S. 112/113]*

»Mein ›Observatorium‹ zwischen zwei großen Hügeln war sehr malerisch & Hurley, der auf der Suche nach einem Bild herauskam, war davon begeistert und nahm es auf.«
James, Tagebuch, 16. Februar 1915. *[SPRI; s. S. 152]*

Nahaufnahme von arbeitenden Männern auf dem Eis neben dem Schiff. *[SPRI; s. S. 101]*

Der Bug der *Endurance* wird erstmals von Eis befreit, 14. Februar 1915. *[SPRI; s. S. 101]*

»Alf« Cheetham: »Cupido auf einer Seerose«. Fotografiert (und gefilmt) während des letzten
Versuchs, aus dem Eis auszubrechen. 14./15. Februar 1915. *[RGS; s. S. 104]*

Beim Entfernen des Eises an der Steuerbordseite.
14./15. Februar 1915. *[RGS; s. S. 14, S. 103]*

Arbeiten an der Backbordseite des Schiffs während eines versuchten
Ausbruchs aus dem Eis. 14./15. Februar 1915. *[SPRI]*

Versuch, aus dem Eis auszubrechen. 14./15. Februar 1915. Originalnegativ. *[Oben links: RGS; s. S. 102. Oben rechts: SPRI]*

Teamwork auf dem Eis: Eine weitere Aufnahme vom Versuch,
die Steuerbordseite der *Endurance* vom Eis zu befreien.
14./15. Februar 1915. *[SPRI; s. S. 105]*

»Um 4 Uhr nachmittags hatten wir ein filmreifes Fußballspiel mit zwei vollständigen Teams von je elf Mann … und wir hatten in Dr. Macklin einen viel beschäftigten und tüchtigen Schiedsrichter, der, obwohl einer unserer besten Spieler, nicht spielen konnte, weil er am Morgen ziemlich schlimm von einem der Hunde gebissen wurde, als er zwei miteinander kämpfende trennen wollte.«
Orde-Lees, Tagebuch, 16. Februar 1916. *[RGS; s. S. 15, S. 109]*

Eine Aufnahme vom nachmittäglichen Fußballspiel mit Worsley im Tor. 16. Februar 1915. Originalnegativ.
[RGS; s. S. 108]

Teilnehmer am Fußballspiel vom 16. Februar, dem Tag nach dem letzten Versuch, aus dem Eis auszubrechen. »Um 4 Uhr hatten wir ein großartiges Fußballspiel«, schrieb Reginald James. »11 auf jeder Seite. Ein Team trug eine rote Armbinde, das andere eine weiße … 1:1, doch in der zweiten Hälfte schossen die ›Roten‹ das Siegestor. Die Filmkamera nahm alles auf.«
James, Tagebuch, 16. Februar 1915. *[Oben links, oben Mitte, s. S. 109, oben rechts: SPRI]*

Der Weg zur Rinne eine Viertelmeile vor dem Schiff, wo die Mannschaft Eis aufbrach, während die *Endurance* eingeschlossen war. *[SPRI]*

Shackletons letzter Versuch, die *Endurance* am 14. Februar 1915 aus dem »Griff des Eises« im Weddellmeer zu befreien. »... jeder arbeitete wie ein Pferd mit Pickel, Eismeißel oder anderen Werkzeugen. Das Schiff selbst diente als Rammbock«, notierte Hurley auf 76° 50′ S, 34° 58′ W. *[SLNSW; s. S. 107]*

Sonnenaufgang, April 1915. An den Masten sind die angebrachten Aufsätze – und die weit ausladenden Drähte – für den Empfang von Morsesignalen zu sehen. »3 Aufsätze angebracht«, notierte Frank Worsley am 29. März 1915. »Sie sind 20 Fuß lang & werden die Antenne um 14 oder 15 Fuß erhöhen. Hurley, der Vielseitige – er war früher unter anderem Elektroingenieur [– koordinierte die Herstellung] von 4 langen Drähten auf 4 Bambusvorrichtungen, jede 14 Fuß lang, auf eine Weise, dass wir nun dreimal mehr Empfangsfläche haben als bei der Abfahrt von South Georgia Island ...« Weil die Aufsätze durch Raureif immer schwerer wurden und ständig gewartet werden mussten, hat man sie einen Monat später entfernt. *[SLNSW; s. S. 150]*

Dieses Foto aus dem *Green Album* ist dem einer original Ganzplatte sehr ähnlich, das am selben Tag von einer leicht veränderten Position aus gemacht wurde. Mitte Februar 1915. *[SPRI]*

Dieses Foto ist in der Literatur über die Expedition gewöhnlich mit »Tiefster Süden« betitelt und wurde von Hurley auf den 2. September datiert. Es weist jedoch die charakteristischen Merkmale von ähnlichen Negativen auf, die Mitte Februar 1915 belichtet wurden. *[RGS; s. S. 115]*

Sonnenuntergang im Hochsommer, aufgenommen im Februar 1915. *[RGS]*

»Das Hochziehen [des Hjort-Meter-Netzes für Clarks Proben] mit der Hand ist ein schwieriges Unternehmen und beschäftigt alle verfügbaren Männer. Etwa 15 von uns legen den Draht über die Schultern; er läuft über einen Flaschenzug auf einem Ladebaum, und wir marschieren einfach damit los. Wenn wir eine Viertelmeile vom Schiff entfernt sind, wird der Draht um einen anderen Flaschenzug, einen Block, gelegt & wir wandern damit zum Schiff zurück ... alle in uneinheitlicher Polarkleidung, einige mit Burberry-Anzügen, die meisten von uns mit Rentierfellstiefeln & alle mit verschiedenen Kopfbedeckungen, aber alle eingemummt, denn es ist oft eine kalte Arbeit, weil man auf Befehle wartet.
Orde-Lees, Tagebuch, 11. Juni 1915. *[SPRI; s. S. 117]*

Macklin und Bo'sun. *[SPRI]*

Hurley mit dem Fernglas auf seinem Schlitten sitzend. Er entfernte sich niemals weit von dem Lederbehälter mit den Objektiven und anderer Fotoausrüstung. *[SPRI]*

Während des Winters 1915 wurden alle gesunden Schlittenhunde jede Woche, meist donnerstags, gewogen. »Ich half Hurley die Hunde wiegen«, notierte Reginald James am 20. Mai 1915; Frank Worsley hielt die Daten fest: »Team Führer Team Gewicht Durchschnitt & Zunahme Höchstes Gesamtgewicht McIlroys Samson 8 507.5 70.2 + 10.5 Samson 89 3480.5 Hurleys Shakes 8 625.5 68.5 + 19.5 Hack 94 Durchschn. 71.03 Macklins Bos'n 10 684.5 68.5 + 6.5 Peter 80 Creans Surly 8 619.5 77.4 + 25.5 Amundn 98 Zunahme 75 Marstons Steamer 7 462 66.5 + 12 Herc 91 Wilds Soldier 8 527.5 66.5 + 1 Tim 76.« *[RGS; s. S. 118]*

Pylonweg, der Pfad zur Rinne vor dem Schiff, wo das Eis aufgeschnitten war, von der Takelage aus gesehen. Im März 1915 wurden der Pfad angelegt, die Schneepyramiden gebaut und mit einem Drahtseil verbunden – so konnten verirrte Entdecker in einem Schneesturm ihren Weg finden. *[RGS; s. S. 114]*

Eisblumen auf einer Eisrinne, Frühjahr 1915. *[RGS; s. S. 123]*

Eine Blitzlichtstudie von Husseys dick mit Raureif bedeckten Dine's-Windmesserblättern, die beim Drehen die Windgeschwindigkeit messen. *[RGS; s. S. 116]*

Blaues Eis wird mit dem Schlitten zum Schiff transportiert. *[SPRI; s. S. 117]*

Das »Spectre Ship« (Geisterschiff), vielleicht Hurleys unvergesslichstes Foto von der *Endurance*. »Hurley hat Blitzlichtbilder aufgenommen und einige der besten sichergestellt.«
McNish, Tagebuch, 9. Juni 1915. Original Ganzplatte.
[Oben: SPRI; rechts: RGS; s. S. 119, S. 234]

Der Ausleger für Clarks Netz, von dem aus er vom Meeresboden Proben sammelte, ist auf dieser Fernaufnahme des Schiffes deutlich zu erkennen. Frühjahr 1915. *[SLNSW; s. S. 95]*

»Nach drei Versuchen gelang es mir, eine Blitzlichtaufnahme von meinem Gespann beim Füttern zu machen. Das Blitzlichtpulver wurde in drei gesicherten Behältern aufbewahrt und elektrisch gezündet. Die Hunde erschraken furchtbar, die Eingänge zum Zwinger mussten versperrt werden, um sie fern zu halten.«
Hurley, Tagebuch, 29. Mai 1915. *[RGS; s. S. 118]*

Das dick mit Raureif überzogene Schiff im Frühjahr 1915. *[SPRI]*

Hunde-Iglus beim Schiff an einem Tag mit klarem Wetter, 1915. Hurley bringt im März Husseys meteorologischen Windschutz an Ort und Stelle. Kurz nach dem Bau der Hunde-Iglus wurden den Hunden Decken gegeben, aber die Hunde behandelten sie als Spielzeug und rissen sie bald in Fetzen. Gleichzeitig wurde am Achterschiff ein Loch durch das Eis geschlagen, um das Ruder frei zu halten und Wasser zu haben, falls an Bord ein Feuer ausbräche. *[RGS; s. S. 116]*

Blick über die Hügel auf die *Endurance* in der Ferne. Neben dem Schiff trainieren Männer. Frühjahr 1915. *[SLNSW; s. S. 111]*

»Wintersonnenwendtag 1915. Mittag« lautet Hurleys Beschreibung. So romantisch sie auch klingen mag, der 22. Juni ist der dunkelste Tag des Jahres. Das Foto entstand zu einer anderen Zeit. *[SLNSW; s. S. 94]*

Eine dritte Ansicht von Eis und Schiff, belichtet am 1. September 1915, fand sich im *Green Album*. Das Originalbild, das Hurleys einmontierte Hunde nicht aufweist, ist als Lichtbild vorhanden. *[SPRI]*

»Zwei der Robben hatten große Narben; eine war ganz sicher von den Zähnen eines Killer[-wals] verletzt. Die Narben befanden sich am Bauch und sind sehr regelmäßig, wie auf dem Bild zu sehen ist«, schrieb Reginald James am 15. Februar 1915. »Wir werden zu echten Metzgern, häuten Robben, nehmen sie aus & zerteilen sie mit größter Gleichgültigkeit. Wenn sie unbedingt als Nahrung gebraucht werden, vergehen eine Menge zarter Gefühle«, schloss er. Kopie vom Negativ. *[RGS]*

Charles Green, Koch, schneidet Robbenfleisch für eine Mahlzeit, assistiert von Mrs. Chippy. Nach der *Endurance*-Expedition hielt Green gelegentlich Lichtbildervorträge, wobei er den Anwesenden signierte Fotos als Souvenir anbot. *[SPRI]*

Das Deck mit den »Hundeboxen« gegen Winterende 1915. *[SPRI]*

Blick auf die *Endurance* vom Eis aus, 2. September 1915. *[SPRI]*

Nach dem Aufbruch des Eises am 1. August 1915 wird das Packeis von der niedrigen Wintersonne beleuchtet. Bemerkenswert ist die Schlagseite des Schiffs nach Backbord. *[RGS]*

»Ich bin mit der Nachtwache dran«, berichtete Hurley über die frühen Morgenstunden des 30. Juni 1915. »Während der Nachtwache versammeln sich auch seine Freunde, und sie sitzen im kleinen Kreis um das Feuer, diskutieren in gedämpftem Flüstern …« Orde-Lees notierte, dass sie nie gut schlafen konnten, wenn Hurley Nachtwache hatte, denn er war ungezwungen und sprach laut, da er Tonhöhen nicht unterscheiden konnte. [RGS; s. S. 66, S. 120]

Von der Wasserrinne auf dem Pylonweg zur Endurance. März 1915. [RGS; s. S. 122]

Charles Green beim Zubereiten von Pinguinsteaks in seiner gut eingerichteten Küche an Bord der Endurance. [SPRI]

Das Steuerborddeck der Endurance, in Fahrtrichtung gesehen. »Wegen der gefallenen Temperatur – es hat -19° – beschlagen die Kameras, sobald sie an Bord gebracht werden. Ich habe an Deck einen Schrank gebaut, wo sie selbst bei niedriger Temperatur aufbewahrt werden können. Doch die Geräte – besonders die Filmkamera – müssen trotzdem immer gewartet, wie etwa mit Petroleum eingerieben werden, wenn man sie rausnimmt. Unter diesen extremen Temperaturen, wird der [Kodak-]Film äußerst spröde und verliert ungefähr 10 % seiner Lichtempfindlichkeit.«
Hurley, Tagebuch, 24. April 1915. [SLNSW; s. S. 91]

Hurley datierte dieses Foto auf den 1. Januar 1915, bei 76° S und 35° W. Interessanterweise erreichte die Endurance etwa diese Position nicht vor dem 19. Januar – als sie vom Eis eingeschlossen wurde. [SLNSW; s. S. 110]

Frank Hurley und Leonard Hussey spielen während der Nachtwache im Ritz Schach. Direkt neben der Kamera liegt Orde-Lees in seiner Koje über Reginald James und schläft. Er schnarcht laut. Um den Lärm zu unterdrücken, stopfte, Hurley ein paar Sardinen in Orde-Lees' Mund – die Fische verschwanden, Orde-Lees' Mund öffnete sich weiter, und das Schnarchen wurde lauter. Dann schüttete Hurley eine Hand voll Linsen in die Öffnung. Das Schnarchen hörte sofort auf. *[RGS]*

Hussey und James in ihrem Arbeitsraum, die »Rookery« [Brutplatz], während des Winters 1915. Hussey, der Meteorologe, prüft hier Dine's-Windmesser, während James den Bereich der Magnetnadel von Raureif befreit. Der Elektrograf, links von ihm, wurde im März 1915 in die »Rookery« eingebaut. James war enttäuscht, weil er nicht richtig funktionierte, selbst dann nicht, als Hurley, der in seiner Jugend Metallarbeiter war, neue Nadeln aus galvanisiertem Zinn für ihn gemacht hatte. *[RGS]*

Clark und Wordie in ihrer Kabine »Auld Reekie« im Winter 1915. *[SPRI]*

»Eine Art mittwinterliche Verrücktheit zeigt sich, als alle Seeleute von dem Wunsch gepackt sind, ihre Haare loszuwerden. Das bereitete großen Spaß, und üppige Locken, Glatzen und gescheitelte Köpfe wurden bald einander ähnlich. Wahrscheinlich werden wir in Zukunft am Kopf etwas frieren, wenn nicht sogar Neuralgien bekommen. Wir ähneln einer Ladung von Sträflingen, und ich ließ mir die Gelegenheit nicht entgehen, dieses komische Ereignis ununterbrochen zu fotografieren.« Hurley, Tagebuch, 19. Mai 1915. *[Oben links und rechts: SPRI; s. S. 129]*

Shackleton befahl den Mannschaftsmitgliedern, ihre Aufgaben zu teilen: Wordie, Cheetham und Macklin beim 14-tägigen Bodenschrubben im Ritz. Shackleton selbst half im März 1915 beim Auslegen des Linoleums. *[RGS; s. S. 124]*

Dieses Bild ist in populären Darstellungen meist mit »Die Nachtwache kehrt zurück …« betitelt. Hurley bezeichnet das Foto im *Green Album* als »Clark bei der Rückkehr vom Wintersport«. Auffällig ist die dicke Raureifschicht auf jeder Oberfläche. *[RGS; s. S. 121]*

Dr. Macklin und Commander Greenstreet kochen in den frühen Morgenstunden einer von so vielen Polarnächten 1915 für die Hunde Walspeck. *[SPRI; s. S. 130]*

Mannschaftsmitglieder unterhalten sich im vorderen Vorschiff, vermutlich am 22. Juni 1915. Von links nach rechts: Holness, Vincent, How, Stephenson, Blackborow, McLeod. *[SPRI]*

Einer der vielen Trinksprüche auf die »Geliebten & Ehefrauen«, wie sie samstagabends ausgebracht wurden – mit oder ohne Schiff oder Rum. *[SPRI]*

Der Meeresbiologe und Kapitän der Afterguard-Fußballmannschaft, »Bob« Clark, in seinem Laboratorium im Zwischendeck, nachdem das Schiff zum Winterquartier umgebaut war, Februar/März 1915. Er war ein hervorragender Tierpräparator, und die Männer waren oft verblüfft, wenn er seine Arbeit am Abendbrottisch der Mannschaft machte und das Abendessen zuweilen um einen Kadaver herum serviert wurde. *[RGS; s. S. 131]*

Hurley und Macklin in ihrem gemütlichen Heim, dem »Billabong«, das sie im Winter 1915 mit McIlroy und Hussey teilten. An Abstinenzler wie Hurley teilte Shackleton samstagabends Carson's-Schokolade aus, wenn die Mannschaft den traditionellen Toast auf die »Geliebten & Ehefrauen« ausbrachte. *[RGS; s. S. 125, S. 242]*

Taschenbillard auf einem Miniaturtisch im Ritz war eine Möglichkeit, um sich die Stunden im Eis während des Winters 1915 zu vertreiben. *[SPRI; s. S. 129]*

Als das Schiff vom Eis eingeschlossen war, fanden jeden Sonntagabend Grammofonkonzerte statt. Sie wurden aber aufgegeben, weil das Eis an der Schiffsseite knirschte, sobald die Musik einsetzte. *[SPRI; s. S. 129]*

»Ein Morgen im Ritz Mitte des Winters« lautet Hurleys Text im *Green Album* zu diesem Foto von 1915. Rechts: Hussey, James, Wordie, Clark. Links: McNish (der am 17. und 18. Februar ein Cribbage-Brett anfertigte), Blackborow, der den Eisblock schleppt, und Orde-Lees an Shackletons Schreibmaschine. Die Person ganz links ist wahrscheinlich Crean. *[RGS; s. S. 128]*

Wintersonnenwendtag 1915. Die Teilnehmer in ihren Kostümen nach dem dreistündigen »Rauchkonzert« am 22. Juni zur Feier der Rückkehr der Sonne. Hussey ist als schwarzer Sänger mit Banjo zurechtgemacht. Rickenson ist das »lässige junge Mädchen«. Kerr, als Göre gekleidet, posiert mit Greenstreet, dem ältlichen Roué mit roter Perücke; sie sangen ein Duett »La diddley iddley um«. Wild trat als lispelnder kleiner Junge auf und rezitierte »The Schooner Hesperus« mit dem Beistand von Hudson, der als Tochter des Kapitäns kostümiert war. Wordie parodierte einen Schotten, der seinen Dudelsack stimmt, während Clark in seinem Schottenrock eine schottische Ballade vortrug. Es folgte McNish mit zwei schottischen Klagegesängen ohne musikalische Begleitung. James, als Kenner der deutschen Sprache, hielt einen fantasievollen Vortrag über »die Kalorie«, der das Publikum im Sturm gewann. Marston erschien als Bauer, sang »Widdicomb Fair« und trug später eine Grauen erregende Fassung von »Johnny Hall« vor. James McIlroy erschien als parfümierte Grisette – seine Darstellung wäre einer feinen britischen Gesellschaft nicht zumutbar gewesen. Dr. Macklin rezitierte Spottverse über Einzelheiten von der Reise der *Endurance* von Plymouth nach Buenos Aires, wobei er auf Worsleys Übereifer während der Reise einging – »Wir sind das Schiff Endurance Seiner Majestät und auf Abenteuerfahrt in den tiefen Süden!« Lees als Pfarrer Dr. Bubblinglove eröffnete die Show mit einer bombastischen Rede, in der er Shackleton zu dem gleich beginnenden Konzert willkommen hieß. Hurley las »ausgezeichnete« Dichtung, in der er genau die Schwierigkeiten aufzählte, denen sich die Nachtwache ausgesetzt sah; offensichtlich verkleidete er sich für die Show nicht. *[SPRI; s. S. 16, S. 127]*

Der 22. Juni 1915, der Wintersonnenwendtag, kündigt die Rückkehr der Sonne an und wurde als Feiertag begangen. »Dinner um 6 Uhr«, notierte Harry McNish in sein Tagebuch. »Schweinebraten Apfelkompott & Dosenerbsen mit Plumpudding & … danach hatten wir ein Konzert, das um 8 Uhr begann & um 12 Uhr endete mit Röstzwiebeln & … dann tranken wir auf die Gesundheit unserer Lieben daheim.« *[RGS; s. S. 126]*

Handkolorierter Kombinationsabzug von einem Lichtbildervortrag Hurleys, 1915. Hurley hielt im Winter 1915 vier Vorträge. Ihre Titel waren: *Across Australia by Motor*, *Java and the East Indies*, *New South Wales* und *New Zealand*. Gewöhnlich bediente Macklin dabei den mit Acetylen betriebenen Projektor. *[SPRI]*

Dieses Bild ist fast identisch mit Hurleys weit verbreitetem Foto »Die Rückkehr der Sonne«. Es wurde offensichtlich am selben Tag, aber etwas später aufgenommen. *[SPRI]*

»Rückkehr der Sonne nach der Dunkelheit des langen Winters« lautet die Beschreibung im *Blue Album* des Scott Polar Research Institute – eines von mehreren Erinnerungsstücken, die Raines & Company herstellten. *[RGS; s. S. 132]*

»Das Teleskop wurde auf [eines von] Hurleys Filmstativ[en] montiert«, schrieb Frank Worsley am 25. Juni 1915, »& bot einen prächtigen Blick auf den Mond sowie auf eine völlige Verfinsterung. Die Greenwich-Zeit, zu der der Mond verschiedene Sterne in den Schatten stellt oder verfinstert, findet man im Nautischen Almanach – mit einem guten Teleskop & in einer klaren Nacht ist die Beobachtung leicht; & danach ergeben ein paar Seiten Berechnung den Unterschied der Verfinsterungszeit zwischen dem Ort des Betrachters & Greenwich … diese Beobachtungen sind natürlich für [James und mich] von großem Wert.« *[RGS]*

Die *Endurance* von einem entfernten Presseisrücken aus gesehen. Hurley betitelte dieses Foto »Ein Leuchten mitten im Winter«. *[SLNSW; s. S. 106]*

Die *Endurance*, unbeweglich im Eis eingeschlossen, Frühjahr 1915. *[RGS]*

Leonard Hussey begleitete Hurley oft auf seinen Schlittenfahrten. *[Oben Mitte: RGS; s. S. 140. Oben: SPRI]*

»Das Packeis gleicht oft einem wogenden Meer«, schrieb Hurley in seinem Album. Später verwendete er das Schiff auf diesem Bild recht wirkungsvoll in *Shackleton's Argonauts*. Dieser kombinierte Abzug zeigt die Ereignisse um den 16. April 1915, als ein Eisberg die *Endurance* unter sich zu begraben drohte. *[RGS]*

Shackleton prüft eine offene Rinne im Weddellmeer, Frühjahr 1915. *[SLNSW; s. S. 151]*

Die *Endurance* an ihrem Lebensabend in einer dunklen Landschaft aus unheimlichen Presseisrücken und einem bleiernen Himmel. *[SPRI]*

»Die Mannschaft bringt an der Steuerbordseite eine Gangway an damit die Hunde auf die Eisscholle können«, schrieb Harry McNish am 18. August 1915. Am 25. August notierte er kurz: »Führer und Fahrer fotografiert.« *[RGS; s. S. 139]*

Wordie und Clark untersuchen den Fang in Clarks Netz. »Klares Wetter ... Nach dem Frühstück machen wir [einen] großen Iglu für die Hunde fertig, benutzen dazu die Steuerbordseite des Schiffs mit einer Plane, die sich bis zu einer Mauer aus Benzinkanistern und einer Eiswand am anderen Ende erstreckte.«
Worsley, Tagebuch, 21. März 1915. Originalnegativ. *[RGS; s. S. 138]*

Reginald James bewundert die Eisblumen, die sich neu bildeten, als junges Eis einen älteren Presseisgrat hinter ihm überzieht. 4. April 1915. *[RGS]*

Clark fischt nach Proben im Weddellmeer, 1915. *[SPRI]*

Blaues Eis wird von einem Hügel gehackt. *[SPRI; s. S. 138]*

»Das Eis unmittelbar vor dem Schiff. August 1915.«
Hurley, *Green Album*. [RGS; s. S. 141]

»Eine schöne Fläche mit Eisblumen ist plötzlich auf der Rinne entstanden.
Von der Morgensonne beleuchtet, gleicht sie einem Feld von rosa
Nelken«, schrieb Hurley am 24. August 1915 in sein Tagebuch. [SPRI]

»Eisbrecher, Druckzentrum, 1. August 1915«, schrieb Hurley in sein
Green Album. Dieses Foto trägt gewöhnlich den Titel »Beinahe besiegt«.
Es diente oft zur Illustration verschiedener Expeditionsberichte.
[RGS; s. S. 133]

»Nach dem Abendessen ging ich mit Hurley hinaus. Er wollte den
schönen Raureif fotografieren, der sich auf dem jungen Eis in der
nahen Rinne gebildet hatte. Die gesamte Oberfläche des jungen Eises
war mit blumenartigen Formen überzogen, die jede kleinste Erhebung
bedeckten. Die Wirkung war außergewöhnlich und erinnerte an ein
Feld weißer Blumen. Es waren aber keine Eisblumen, sondern einfach
Raureif in großen, federartigen Büscheln.«
Reginald James, Tagebuch, 16. Februar 1915. [SLNSW]

»Am Nachmittag drehen Hurley & ich mit der Kamera eine Runde
von 6 Meilen ... Ich füge meine männliche Gestalt in mehr oder
weniger gefälligen Posen als Accessoire der umgebenden Szenerie
hinzu – eine Art menschlicher Maßstab, um die Erhabenheit der
Natur zu verdeutlichen.«
Worsley, Tagebuch, 16. August 1915. [RGS; s. S. 134]

Worsleys »männliche Gestalt« macht die Größe eines von der *Endurance*-
Mannschaft für typisch gehaltenen Eisrückens deutlich. [RGS; s. S. 136]

»Beim Schiff aufgeworfene Presseishügel am Ocean Camp«, liest man in Hurleys *Green Album*. Diese Aufnahme wurde jedoch vermutlich von Worsley oder James 1915 gemacht. Negativkopie vom Film. *[RGS; s. S. 237]*

Frank Worsley untersucht im Frühjahr 1915 zerklüftetes Eis. *[RGS]*

»Treiben und kippen«. Eisverhältnisse im August 1915. *[SPRI; s. S. 137]*

Treibeis, hinter dem Schiff fotografiert, 4. April 1915. Ein beeindruckendes, doch selten veröffentlichtes Foto von den Ereignissen im Weddellmeer. *[RGS; s. S. 135]*

Samson, am Eingang seines Hunde-Iglus angekettet. *[RGS]*

Susie und ihre Welpen, die Ikeys. *[SPRI]*

Hurleys Gespann (oben) und Macklins Gespann (unten). »Es gibt nur vier Befehle für die Hunde: ›Mush‹ … los! ›Ha‹ – nach links! ›Gee‹ – nach rechts! Und das übliche ›Whoa‹ für Halt. Es gibt noch eine ganze Menge inoffizieller Befehle und Kraftausdrücke, aber ob sie wirklich mehr bewirken, als dass der verzweifelte Hundeführer sich abreagieren kann, wenn die Hunde falsch laufen, lässt sich nicht sagen.« Orde-Lees, Tagebuch, 15. Juni 1915. *[Ganz oben links und rechts, oben links und rechts: SPRI]*

Martin aus Hurleys Gespann war als vortrefflicher Schlittenzieher bekannt – und dafür, von seinen Teamgefährten Futter in Beschlag zu nehmen. *[SPRI]*

Jerry liebte es, »sich in seinem Geschirr zu brüsten«, und war, laut Hurley, äußerst stolz auf seinen Schwanz. *[SPRI]*

Hussey, der kleinste Mann, mit Samson, dem größten Hund. Frühjahr 1915. *[RGS; s. S. 145]*

Am 15. Oktober näherten sich vier Kaiserpinguine dem Schiff und ermöglichten es Hurley, sie eine Stunde lang mit der Platten- und der Filmkamera aufzunehmen. Danach wurden die Vögel getötet und gehäutet. Shackleton plante, die Häute als Geschenke mit nach Hause zu nehmen. *[Alle Fotos auf dieser Seite: SPRI]*

Soldier, Frank Wilds Gespannführer, im Geschirr. *[SPRI]*

Hurleys *Green Album* gibt keinen Hinweis auf den Namen dieses Hundes. Es könnte Bob sein, der, wie Hurley anmerkt, sich kaum von seinem Bruder Shakespeare unterscheidet. Bob war ein kluges Tier und ein begeisterter Schlittenzieher, aber sein Instinkt reichte offensichtlich nicht an den Shakespeares heran. *[SPRI]*

Eine Seitenansicht von Lupoid im Schlittengeschirr. *[SPRI]*

Ein Bildausschnitt von Lupoid im Geschirr. Fotografiert an dem Tag, als er Wilds Meute anführte. *[SPRI]*

Sue, ein Hündin von Macklins Gespann, war die Mutter der Ikeys. *[SPRI]*

Dr. Macklin in seinem Burberry-Anzug. *[SPRI]*

Hurleys Gespann, begleitet von einem anderen Hund, am 30. August 1915. Greenstreet, zweiter von links, begleitete Hurley oft auf seinen Schlittenreisen über das Eis. Nach dem Untergang des Schiffs führte er ein eigenes Gespann. *[SPRI]*

Steward und Songster, Hunde aus Macklins Gespann. Steward galt als halb Wolf, halb Jagdhund; Songster führte den Chor nachts an, wenn die Männer versuchten zu schlafen. *[SPRI]*

Ein Bildausschnitt von Macklin und Bo'sun, einem intelligenten Collie, der manchmal Macklins Team anführte; Macklins anderer Anführer war »Bony« Peter. Hurley retuschierte das Foto, indem er mit Bleistift einen Hintergrund einzeichnete. *[SPRI]*

Martin und Jerry aus Hurleys Gespann galten als Brüder. *[SPRI]*

»Ein Treffen der Hunde auf dem Meereis«, schrieb Hurley im *Green Album*. *[RGS; s. S. 16]*

Die Hundegespanne und ihre Führer machen eine Trainingspause, während die *Endurance* im Weddellmeer festsitzt, Frühjahr 1915. *[SLNSW; s. S. 147]*

Hurleys Gespann bei der Arbeit, Frühjahr 1915. *[SPRI]*

Seitenansicht von Hunden im Schlittengeschirr. *[SPRI]*

Zwei Hunde im Schlittengeschirr. *[SPRI]*

Macklins Gespann, begleitet von Hurley und einigen seiner Hunde. *[SPRI]*

Hurleys Gespann macht während des Trainings im dicken, zu Hügeln aufgeworfenen Eis Pause. Das Aufbrechen des Packeises am 1. August 1915 kündigte das Ende der *Endurance* an. *[RGS]*

Alexander Macklins Gespann bei der Arbeit mit Bo'sun als Führer. Macklins vollständige Gruppe bestand aus Buller, Mac, Pady, Songster, Sooty, Steward, (»Bony«) Peter, Roy und Sue. *[SPRI]*

Hurleys vollständiges Gespann von neun Hunden ruht sich aus. Obwohl dieses Foto stilmäßig nicht charakteristisch für Hurleys Arbeiten ist, zeigt es deutlich seine Technik: Dem Panorama wurden Teile eines anderen Fotos (Hurley mit seinen Kameras und einer Gruppe von sieben Hunden) als Gegengewicht links im Hintergrund hinzugefügt. Mit zunehmender Meisterschaft in dieser Kompositionstechnik montierte Hurley häufig Wolken in seine Abzüge ein. *[SPRI]*

Mack (oder »Mac«) aus Alexander Macklins Gespann war übellaunig und neigte dazu, seinen Hundeführer zu beißen. *[SPRI]*

»Die … Hundehütten … waren ursprünglich wie Reihenhäuser aufgebaut. Damit sie wie jetzt draußen auf der Eisscholle stehen können, mussten sie auseinander gesägt und neu zusammengeflickt werden. Sie haben dadurch mehr Abstand voneinander, so dass den Hunden eine viel längere Kette und damit mehr Freiheit gegeben werden kann, als sie an Bord hatten. Die Befestigung der Ketten ist eine einfache Sache. Mit dem Brecheisen wird ein sechs Inch tiefes Loch ins Eis geschlagen, das Ende der Kette hineingesteckt und das Loch mit Wasser gefüllt. Es gefriert sofort und sichert die Kette so fest, dass sie eine Dampfwalze festhielte.« Orde-Lees, Tagebuch, 26. Februar 1915. *[SPRI]*

Steamer, der Anführer von George Marstons Gespann, war ein freundlicher Hund, der auf seltsam keuchende Art jaulte. *[SPRI]*

Foto von Lionel Greenstreet mit »zu Eiszapfen gefrorenem Atem« beim Trainieren mit Hurley und seinem Gespann. September 1915.
[SPRI; s. S. 143]

Frank Hurley beim Fotografieren der Hundegespannführer und ihrer Gruppen, Ende August 1915. Wegen der schwierigen klimatischen Verhältnisse wagte er es nur selten, ohne die Filmkamera und die Plattenkameras das Schiff zu verlassen. [SPRI; s. S. 63]

Zu Hurleys Ausrüstung gehörten zwei Filmkameras. Mit der einen sollte die Durchquerung des Kontinents dokumentiert werden, die andere ist eine Mikrofilmkamera, um Rotatoria (Rädertiere) und andere kleine antarktische Organismen aufzunehmen. [SPRI]

»Rückkehr vom Wintertraining« lautet die Bildlegende in Hurleys *Green Album*. Das Foto vom August 1915 zeigt jedoch strahlenden Sonnenschein und wurde zweifellos aufgenommen, nachdem die Hunde an Bord des Schiffs zurückgebracht worden waren. [RGS; s. S. 143]

Die erfahrenen Hunde werden für das tägliche Training angeschirrt, während »Creans Welpen« frei zwischen der Meute streifen dürfen. Frühjahr 1915. [RGS; s. S. 143]

Hurleys Gespann mit Greenstreet im Hintergrund und Shakespeare als Leithund. Direkt nach dem Aufbrechen des Eises am 1. August 1915 benutzten Hurley und die anderen Hundeführer kleine, leicht beladene Schlitten für das Training der Hunde, bis durch Myriaden von Eishügeln, die aufgrund von gewaltigen Eisveränderungen entstanden waren, deutliche Spuren führten. *[RGS; s. S. 142]*

Shakespeare, der Leithund von Hurleys Gespann, mustert von einem Hügel aus das Eis. Der nächste Hund im Geschirr ist Bob, der nach Hurleys Meinung Shakespeares Bruder war. Hurleys andere »Schlittenzieher« waren Rugby, Rufus, Sailor, Hackensmidt, Noel, Jerry und Martin. Nicht alle wurden täglich trainiert. *[RGS]*

Hurleys Gespann auf dem Eis. *[SPRI]*

Kurz bevor das Schiff zermalmt wurde, trainierte Hurleys Gespann zwischen unwegsamen Eishügeln, auf die frischer Schnee gefallen ist. *[RGS]*

Frank Wild mit Lupoid. Lupoid, der manchmal der Leithund in Wilds Gespann war, zeigte »bei der Promenade« oft seine Führungsposition, indem er Kaiserpinguine jagte und auffraß. *[RGS]*

Eisblumen. 24. August 1915. *[SPRI]*

Hundehütten auf dem Eis. *[SPRI]*

Lupoid, nach seinem wolfsähnlichen Aussehen benannt. »Nach dem Frühstück werden die Hunde trainiert, Richtung Südosten haben sie eine Strecke von 2 1/2 Meilen ohne Risse. Soldier sichtet einen Pinguin & übernimmt das Kommando ... Als [Wild] am Schauplatz ankommt, haben Soldier & Lupoid den Kaiser[pinguin] getötet & machen blutverschmiert Männchen, Soldier mit seiner üblichen Miene ›habe meine Pflicht getan & schere mich einen Dreck darum‹, Lupoid aber mit dem Ausdruck schrecklicher Reue ...«
Worsley, Tagebuch, 30. September 1915. [SPRI; s. S. 145]

Owd Bob. [SPRI; s. S. 145]

»Soldier«, der Anführer von [Wilds] Gespann ... ist der einzige Hund dieser Rasse in der Meute. Sein Fell ist rostrot mit weißer Zeichnung. Er hat Schlappohren, ein freundliches Benehmen & sehr ausdrucksvolle Augen. Er ist bei weitem der intelligenteste Hund, ... aber keineswegs der gehorsamste. Ein unversöhnlicher Kämpfer ...«
Orde-Lees, Tagebuch, 21. Juni 1915. [SPRI]

Saint. [RGS]

Porträt eines Hundes, vermutlich »Samson« aus Hurleys Green Album, das ein ähnliches Bild enthält, auf dem der Hund den Kopf in die andere Richtung wendet. [RGS; s. S. 145]

Hurleys Bezeichnungen für diesen Hund gehen von »Bummer« im Green Album bis zu »Ein anderer Typ Hund« im Blue Album. Das Foto könnte in Wirklichkeit ein Schnappschuss von Lupoid sein, der einen »schlechten Tag« hatte. Kopie vom Negativ. [RGS]

»Samson« lautet Hurleys Anmerkung zu diesem Foto im Green Album. Samson wird gewöhnlich als großer Bernhardiner erwähnt. [SPRI; s. S. 145]

Judge, ein Hund aus George Marstons Schlittengespann, entwickelte sofort eine Abneigung gegen seine neue Matratze, die man ihm im März 1915 gab – er knurrte aber, als Macklin versuchte, sie ihm wegzunehmen. Wild erschoss ihn am 14. August, als man herausfand, dass er Bandwürmer hatte, von denen viele über einen Fuß lang waren. Satan, Sandy, Sooty und Roy erhielten am selben Tag den Gnadenschuss. Kopie vom Negativ. *[RGS; s. S. 144]*

Shakespeare. Der Anführer von Hurleys Gespann. Die Glocke, die er trägt, stammt vom Hals von »Colonel«, einem der Hunde, die Amundsen bei der Entdeckung des Südpols dabeihatte. Shakespeare hat ein Reihe von weiteren Namen wie »Tatcho«, »The Holy Hound«, »Bug Whiskers«. Sein Schwanz erinnerte laut Hurley an eine Kiefer ohne Zweige, außer an der Spitze – die Folge eines Kampfes mit Bob. *[SPRI]*

Surly (»der Verdrießliche«), der Anführer von Creans Gespann, war nach den meisten Berichten keineswegs verdrießlich, obgleich er einmal Crean in den Arm und ins Bein biss, was gehörige Prügel für den Hund und einen Arztbesuch für den Hundeführer zur Folge hatte. Surly führte die Welpen bei ihren ersten Trainingsübungen im Geschirr am 6. August 1915. *[SPRI]*

Sue (»Susie«) aus Dr. Macklins Gespann. Ende März 1915 fand McNish, der Nachtwache hatte, Sue mit zwei neugeborenen Welpen auf dem Eis. Sie wurde sofort an Bord gebracht, wo sich ihr Wurf auf vier vergrößerte. Sie und ihre neue Familie wurden kurz danach in einem speziellen Anbau untergebracht. *[SPRI]*

Wolf. Dr. McIlroys Meute von acht Hunden wurde von Wolf angeführt. Er galt als großartiges Tier und seiner Abstammung nach als reiner Wolf. *[SPRI]*

Die Ikeys. »Da kommen … zwei kleine braune Welpen, ungefähr vier Monate alt. Sie sind unter Dr. Macklins Aufsicht. Es waren vier, aber zwei starben an Lungenbluten. Ihre Mutter ist die hübsche braune Hexe Sue … Sie sind beide braun mit schönen Köpfen, aber keine besondere Zucht.« Am 24. Juli trieben die Ikeys, jung wie sie waren, einen Kaiserpinguin an Bord des Schiffs. Clark hörte die Unruhe, ging hinaus und rettete den Vogel vor den Hunden. Orde-Lees, Tagebuch, 10. und 13. August 1915. *[SPRI]*

»Mache während der Nacht Blitzlichtaufnahme des vom Eisdruck bedrohten Schiffes. Dazu waren etwa 20 Blitzlichter nötig, eines hinter jedem hervorragenden Presseishügel, mindestens weitere zehn Blitzlichter, um das Schiff ausreichend zu beleuchten. Halb geblendet durch die aufeinander folgenden Blitze, verlor ich zwischen den Hügeln meine Ausrüstung, stieß mir die Schienbeine an vorstehenden Eiszacken & stolperte in tiefe Schneewehen. Als die Negative entwickelt waren, erwiesen sie sich als zufriedenstellend & waren das kalte Abenteuer wert gewesen.«
Hurley, Tagebuch, 27. August 1915. *[RGS]*

Morgendämmerung gegen Ende des antarktischen Winters im August 1915, als das Eis aufgebrochen war und die Hunde an Bord gebracht wurden. *[RGS; s. S. 17, S. 148]*

»Hurley unternahm eine Fotoexpedition & machte einige sehr gute Bilder. Ich begleitete ihn. Es gelang ihm ein ausgezeichneter Schnappschuss von einer Robbe, die aus einer Spalte auf die Eisschollen sprang …«
James, Tagebuch, 12. Oktober 1915. *[SPRI; s. S. 153]*

Enthäuten von Robben auf der Eisscholle, Februar 1915. *[RGS]*

Hurley mit der Filmkamera unter dem Bug der *Endurance* am 1. September 1915. Er machte eine Gruppenaufnahme und filmte die Mannschaft. Am gleichen Tag berichtete er in seinem Tagebuch über Experimente mit dem Paget-Farbbildverfahren. *[SLNSW; s. S. 3, S. 46]*

Das Monochrombild zeigt den extrem dicken Raureif, der auf der Takelage des Schiffs, dem Deck und jeder Außenfläche »blühte«, als die *Endurance* im Weddellmeer eingeschlossen war. *[SPRI]*

Diese Paget-Farbplatte von der mit Raureif überzogenen Takelage – »dick wie das Handgelenk eines Mannes« – wurde vermutlich am 1. September 1915 belichtet, als Hurley mit dem Paget-Farbverfahren experimentierte. *[SLNSW; s. S. 146]*

Die Mannschaft der *Endurance*, 1. September 1915. Nach dem Tagebuch von Harry McNish nahm Hurley dieses Gruppenfoto am Mittwoch, dem 1. September 1915, auf; er belichtete auch mehrere Yard Film. *[RGS; s. S. 155]*

Shackleton steht in einer gerade zugefrorenen Rinne, August 1915. *[SPRI; s. S. 14]*

Hurley mit Filmkamera unter dem Bug der *Endurance*. 1. September 1915. *[RGS; s. S. 154]*

Shackleton und Wild am Zusammenstoß von zwei Presseisgraten, Frühjahr 1915. *[RGS]*

Das Deck der *Endurance* nach leichtem Schneefall. Husseys meteorologischer Windschutz wurde vom Heck des Schiffs entfernt und im Motorboot (links) untergebracht, als die Mannschaft beim Aufbrechen des Eises Vorbereitungen zur Abfahrt am 11. Oktober traf. *[RGS; s. S. 149]*

Ein beliebter Treffpunkt der Hundegespanne hieß »der Obelisk«. »In Relation zu Kapitän Worsley, der ihn gerade besteigt, hat man eine Vorstellung von seiner Größe.« *[Links: SPRI; s. S. 153]*

Frank Worsley besteigt den »Obelisk«. *[Rechts: SPRI]*

Nahaufnahme vom Bug des Schiffs. *[RGS; s. S. 157]*

Die letzte Aufnahme einer Serie vom 14. Oktober 1915, als das Eis aufbrach und das Schiff freigab. *[SPRI]*

Am 14. Oktober 1915, dem Vorabend von Hurleys 28. Geburtstag, zersprang gegen 7 Uhr abends das Eis mit einem so fürchterlichen Krach, dass die Crew nach oben auf das mit Schneematsch überzogene Deck eilte. Das Eis war geborsten und das Schiff plötzlich frei. Jetzt konnte das Ruder überprüft werden. Es stellte sich heraus, dass es von der Wasserlinie nach achtern gedreht worden war. Nachdem das Besamsegel gehisst war, segelte das Schiff tatsächlich – dürftige 100 Yard (91 Meter) –, bevor es in einer schmalen, von Eisbergen blockierten Rinne zum Stehen kam. Die *Endurance* wurde am 27. Oktober an dieser Stelle zerdrückt. *[RGS; s. S. 156]*

Shackleton inspiziert die vor dem Schiff aufbrechende Eisscholle. *[SPRI; s. S. 157]*

»Das Deck schien unter uns wegzurutschen«, schrieb Reginald James über den 18. Oktober 1915, als um 4.45 Uhr nachmittags die Eisschollen zusammenstießen und die *Endurance* plötzlich nach Backbord drückten. »Ich persönlich«, fuhr Frank Worsley fort, »dachte, die Scholle hätte die Kraft, uns umzulegen & sogar über uns hinwegzugehen, so dass ich mich über die Leeseite beugte, wo ich sah, wie sie Planke um Planke begrub, bis das tapfere, kleine Schiff seine Lage wieder fand & sich weigerte, sich auch nur noch einen Inch weiterzubewegen. Es schien zu dem drückenden hungrigen Packeis zu sagen: ›Du kannst mich zermalmen, aber ich will verdammt sein, wenn ich für dich noch einen Inch weiterkippe; eher sehe ich dich in der Hölle schmelzen.‹« Gegen 8 Uhr abends lockerten die Eisschollen ihren Griff, und das Schiff lag wieder gerade im Wasser.
[Links und rechts: RGS; s. S. 160]

Die *Endurance* wird durch den heftigen Druck der Eisschollen hochgehoben. 18. Oktober 1915. *[Links und rechts: RGS; s. S. 159, S. 163]*

Die *Endurance* neigt sich nach Backbord. Ansicht vom Heck aus. *[RGS; s. S. 17, S. 161]*

Nahaufnahme vom Deck, 18. Oktober 1915. *[RGS; s. S. 162]*

Diapositiv, das die Ereignisse vom 24. Oktober 1915 zeigt, als das Eis das Schiff bedrohte, den Achtersteven beschädigte und ein Leck verursachte. »6.45 Schiff erlitt heftigen Druck, da es in einen schlechten Winkel gestoßen wurde durch Eisplatten & Presseisgrate, die dann in Pfeilrichtung die Steuerbordseite gegen Eisplatten drängen & Achtersteven verdrehen, mit den verdeckten Enden der Planken beginnend, und dem Schiff ein gefährliches Leck zufügen …« Worsley, Tagebuch, 24. Oktober 1915. *[RGS; s. S. 158]*

Hurleys bekanntestes und verbreitetstes Foto des Wracks. Original Ganzplatte. *[RGS; s. S. 167]*

Drei noch vorhandene Aufnahmen, die Hurley am 1. November 1915 machte, bevor der unsichere Hauptmast weggeschlagen wurde. Danach konnten die Männer mit den Bergungsarbeiten auf dem Wrack beginnen. Negativkopie vom Film. *[RGS; s. S. 166]*

»Die Eisschollen sind den ganzen Tag in Bewegung, so dass ich auf dem Schiff die Filmkamera die ganze Zeit darauf gerichtet hatte. Ich konnte den einzigen Film von den brechenden Masten drehen.« Hurley, Tagebuch, 28. Oktober 1915. Wegen der schwierigen klimatischen Bedingungen verwendete Hurley oft neben der Filmkamera seine Plattenkamera. *[RGS; s. S. 164]*

Das Wrack. *[SPRI; s. S. 166]*

KATALOG

Frank Wild inspiziert am 8. November 1915, als er, Shackleton und Hurley dem Wrack einen letzten offiziellen Besuch abstatteten, die Überreste des Schiffs. *[RGS; s. S. 168]*

»+15° & darunter. Es schneite die ganze Nacht, klärte aber vormittags auf, und am Nachmittag war es kurz sehr warm & hell. In der Nacht hat es mich in meinem Schlafsack sehr gefroren. Die Hälfte der Mannschaft zog mit den Hundeschlitten zum Schiff & den ganzen Tag über kamen Gespanne mit Holz, Seilen & einigen Dingen im Camp an. Wir im Camp waren damit beschäftigt, die Schlitten abzuladen und in den Pausen eine schöne Küche aus Seilen & Rundhölzern zu errichten, mit dem Ruderhaus als ständigem Lagerraum an einem Ende. Die Küche ist 25 Fuß lang und 12 Fuß breit. Ein paar Rundhölzer bilden den Dachgiebel; von den Giebelseiten führen Leisten entlang & darüber gespannte Schiffssegel bilden auch die Wand.«
Orde-Lees, Tagebuch, 3. November 1915. Original Nitrozellulose. *[RGS]*

Am frühen Morgen des 28. Oktober 1915, nach der ersten auf der Eisscholle verbrachten Nacht, bahnten sich Shackleton, Wild und Hurley einen Weg durch die Eishügel zum Wrack und retteten mehrere Kanister Benzin. Nachdem im Dump Camp ein Feuer angezündet war, wurde für die Männer Frühstück gekocht. Wild servierte den Männern in ihren Schlafsäcken das Frühstück. Später schrieb er, dass sie die Anstrengung, eine Mahlzeit zu bereiten und zu servieren, nicht voll zu würdigen wussten.
Original Nitrozellulose. *[RGS; s. S. 18, S. 165]*

Ein informelles Gruppenbild, Ocean Camp 1915. Shackleton, Wild und Orde-Lees stechen auf dem Foto hervor. Doch noch auffallender sind Hurleys Plattenkästen, Objektive und andere Fotogeräte, die säuberlich neben dem Eingang zu Shackletons Zelt aufgestapelt wurden. *[RGS; s. S. 19, S. 170]*

Ein weiterer Blick auf Ocean Camp nach der Installation des Ofens, der bald den charakteristischen Rauch von verbranntem Walspeck über das Land verbreitete. In Kürze war die Mannschaft mit einer dicken, schwarzen, klebrigen Schicht bedeckt, so dass sie in ein anderes Lager umziehen musste. *[SPRI]*

Panorama vom Ocean Camp, auf dem seine Position zum Schiff sowie gerade noch am Horizont dessen Schornstein (Mitte links) zu sehen ist. *[RGS; s. S. 173]*

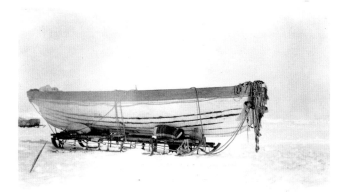

»Zimmermann beendet Arbeiten oberhalb der Wasserlinie, vorn und hinten auf dem Walfänger [James Caird] und installiert die von Hurley gemachte Pumpe. Jetzt muss nur noch der obere Teil kalfatert werden. Das Schiff kann zur Not 29 Mann aufnehmen. Es kann neben der Ausrüstung 6 ½ Tonnen bei 3 ½ Tonnen Eigengewicht tragen.« Worsley, Tagebuch, 22. November 1915. Original Nitrozellulose. [RGS; s. S. 180]

Fotoserie des errichteten Ocean Camp. Sie könnte an dem Tag gemacht worden sein, als Hurley seine schwere Ganzplatten-Kamera aufgegeben hat, denn sie umfasst sowohl Ganzplatten als auch mit der Vest Pocket Kodak gemachte Negative. [Oben links und rechts: RGS]

Diapositiv von Hurley im Ocean Camp, wie er seine Hunde Shakespeare und Bob streichelt. [RGS]

In verschiedenen Expeditionsberichten oft »Patience Camp« oder »Loneliness« (Einsamkeit) genannt. Dieses Negativ wurde tatsächlich während einer der Robbenjagden belichtet, zu denen Hurley und Orde-Lees gelegentlich vom Ocean Camp auszogen. Original Nitrozellulose. [RGS]

Ocean Camp kurz nach seiner Errichtung. Es zeigt Worsleys Beobachtungsplattform (hinten) und Husseys meteorologische Instrumente (links). [RGS; s. S. 172]

Worsley hält von der Beobachtungsplattform, die die Seeleute am 9. November 1915 im Ocean Camp errichteten, Ausschau. Kopie vom Negativ. *[RGS]*

»Hurley & Kerr arbeiteten den ganzen Tag im großen Zelt an der Fertigstellung des Ofens. Angesichts des Mangels an Werkzeugen war das eine geniale Leistung.«
Orde-Lees, Tagebuch, 7. November 1915. *[SPRI; s. S. 19, S. 171]*

Nach dem Verlust des Schiffes wurde der stets einfallsreiche Hurley ein draufgängerischer Jäger, Hersteller von Waagschalen und Bilgepumpen und ein beharrlicher Ofenbauer. Am 26. November 1915 zeichnete er diesen Herd in sein Tagebuch. Reginald James fotografierte den Herd, der wie ein »Hochofen« arbeitete, am 29. November 1915. James' Zeichnung vom selben Tag hat wie Hurleys frühere Zeichnung eine erstaunliche Ähnlichkeit mit dem Ofen auf diesem Foto. *[RGS; s. S. 176]*

Shackletons Zelt im Ocean Camp mit der königlichen Flagge und dem Schiffswimpel, die stolz von einem Rundholz unter blauem Himmel flattern. Orde-Lees' Skier, Hurleys Kisten mit Fotoausrüstung, Worsleys Beobachtungsplattform und die zum Trocknen aufgehängte Wäsche. *[RGS; s. S. 176/177]*

Die *James Caird*, ausgerüstet mit ihrem »Hauptmast« im Patience Camp. Die beiden abgebildeten Hunde sind vermutlich Nelson und Shakespeare. Original Nitrozellulose. *[RGS; s. S. 183]*

»Pottasche und Perlmutter« – sonst als Orde-Lees und Green bekannt, die auf dem »zweiten Marsch« einen kleinen Schlitten mit Essensvorräten und Küchengeräten zogen – kochen eine dicke Suppe. Patience Camp. Original Nitrozellulose. *[RGS; s. S. 178]*

Am 8. Dezember 1915, ihrem 43. Tag auf der Eisscholle, zogen die Männer die neu ausgerüstete *James Caird* zu einer Rinne 250 Yard (228 Meter) vom Ocean Camp und testeten sie im Wasser. Nach dem erfolgreichen Experiment setzte man sie wieder auf den Schlitten. Dabei wurde ihr Heck beschädigt, als der Zug durch die Winde »an Land« außer Kontrolle geriet. Am nächsten Tag wurden im Lager auf allen Booten Seile angebracht, um sie eventuell sicher hochziehen zu können. *[RGS; s. S. 174/175]*

»Die Männer bauten jeden Morgen den Boden der Küche mit frischem Schnee neu auf denn er schmilzt unter der Hitze des Feuers das eine rundum mit Löchern durchbohrte Tonne ist & einem Schirm aus Segeltuch an … Rudern ist die Küche.« McNish, Tagebuch, 23. Januar 1916, Patience Camp. Original Nitrozellulose. *[RGS; s. S. 21]*

»Das Camp« schrieb Hurley in sein *Green Album*, aber nicht, um welches Lager es sich genau handelte. Die Einstellung scheint aus den ersten Tagen im Patience Camp zu stammen. Tatsächlich wurde das Bild auf einer ganzen Glasplatte im Ocean Camp aufgenommen, das zuweilen auf andere Eisschollen verlagert und je nach den Veränderungen des Eises umgebaut wurde. *[RGS; s. S. 169]*

Den Morgen des 28. Februar 1916 verbrachte man im Patience Camp mit dem Bau eines – wie Reginald James es formulierte – »vornehmen Eisgebäudes für eine Kombüse. Es ist rund, hat etwa 10 Fuß Durchmesser, eine 6 oder 7 Fuß hohe Wand & man brauchte dafür eine Menge Eis.« Kopie vom Negativ. *[RGS; s. S. 182]*

Worsley – vielleicht ist es auch James – bei der Vorbereitung eines Geländes. Patience Camp. Original Nitrozellulose. *[RGS]*

Eines der zwei kleinen Reifenzelte im Patience Camp, auf dem gerade Wäsche trocknet. Original Nitrozellulose. *[RGS; s. S. 180/181]*

Das große »Reifenzelt« im Patience Camp an einem Tag ohne Schnee, Regen oder widrige Stürme. Es wurde vom Künstler George Marston vor der Expedition entworfen. »Im Aussehen … einem riesigen Käfer nicht unähnlich; der Rahmen besteht gänzlich aus großen, leichten Stahlreifen, die an ihren unteren Enden wie die Rippen einer Motorhaube verbunden sind, woher die Idee tatsächlich stammt … Das 8-Mann-Reifenzelt [hat] zwei getrennte Sätze von Reifen und daher einen dazwischenliegenden Platz in der Mitte, als ob es keine Stütze hätte. Das Aufstellen dieses großen Zeltes erfordert besondere Sorgfalt, da es leicht wackelt, wenn das nicht richtig gemacht wird. Aber mit etwas Übung hat es sich in der Praxis als fest genug erwiesen.« Orde-Lees, Tagebuch, 11. November 1915. Original Nitrozellulose. *[RGS]*

»… unser Lager war heute ein großartiger Anblick mit Masten & Rudern die im Schnee aufgerichtet sind & Kleider Betten Boote & Rentierfellschuhe & Decken draußen zum Trocknen jeder hätte gedacht wir haben unseren Waschtag. & dabei war es weit davon entfernt denn wir haben unsere Gesichter nicht gewaschen seit wir das Schiff verlassen haben und die einzige Waschgelegenheit die wir jetzt haben ist Abreiben mit weichem Schnee …« McNish, Tagebuch, 22. Januar 1916. Original Nitrozellulose. *[RGS; s. S. 20, S. 179]*

Eine andere Ansicht von Patience Camp mit den für alle »Eventualitäten« gepackten Schlitten. *[RGS]*

Patience Camp. »[Unser Zelt] rüttelt, flattert & bebt unaufhörlich & das Einzige, was es davon abhält, uns als eine Wolke aus blassgrünem Flaum zu verlassen, ist der 6 bis 9 Fuß hohe Schneewall, den wir darum gebaut haben. Heute müssen wir einen Wall quer zur Vorderseite hinzufügen, da der herumwirbelnde Wind Schneemassen hereintreibt, sobald jemand hinaus- & hereingeht.« Worsley, Tagebuch, 14. Februar 1916. Original Nitrozellulose. *[RGS]*

Die *James Caird* wird unmittelbar nach der Ankunft der Gestrandeten auf Elephant Island, am 15. April 1916, am »Providence Beach« an Land gezogen. Original Nitrozellulose. *[RGS]*

Zweite Ansicht von der *James Caird*, wie sie am »Providence Beach« an Land gezogen wird. Im Vordergrund die *Stancomb-Wills* und die *Dudley Docker*. Greenstreet und Blackborow, die beide nicht mithelfen können, sitzen links im Hintergrund. 15. April 1916. Original Nitrozellulose. *[RGS; s. S. 22, S. 185]*

Die *Dudley Docker* trifft am 15. April 1916 auf Elephant Island ein. Nachdem die *Wills* und die *Caird* am »Providence Beach« gelandet waren, erschien auch die *Docker*. Man hatte schon ihren Verlust befürchtet, als sie von Worsley gesteuert am Vorabend von der *Caird* und *Wills* getrennt wurde. Alle waren gerettet. Original Nitrozellulose. *[RGS; s. S. 184]*

Das erste heiße Getränk auf Elephant Island, 15. April 1916. Von links nach rechts: Orde-Lees, Wordie, Clark, Rickenson, Greenstreet, How, Shackleton, Bakewell, Kerr und Wild. Original Nitrozellulose. *[RGS; s. S. 187]*

Ein weiteres Foto von Elephant Island, das zwar Hurleys Namen trägt, aber sich nicht unter seinen original Nitrozelluloseaufnahmen befindet. »Ein besserer Tag mit gelegentlichen Schneestürmen«, berichtete Harry McNish am 20. April 1916. »Begann die Docker abzuwracken um die Caird auszurüsten.« *[RGS; s. S. 188]*

Elephant Island, 15. April 1916. Land – LAND – und wir sind alle am Leben! Die erste Berührung mit festem Boden nach einer schrecklichen – und außergewöhnlichen – siebentägigen Ozeanreise in den denkbar kleinsten Booten.
Fünf original Nitrozelluloseaufnahmen. *[RGS; s. S. 23]*

Vor Shackletons Abreise von Elephant Island hatten die Männer in einem nahe gelegenen Gletscher eine Stelle herausgeschlagen, die ihnen als Zuflucht geeignet erschien. Das meldete Shackleton so bald wie möglich an Zeitungen. *[RGS; s. S. 189]*

Eines von zwei Fotos, das die Vorbereitungen zum Aussetzen der *Caird* zeigt. Man beachte den Ballast aus mit Steinen gefüllten Säcken sowie die Vorräte am Strand. 24. April 1916. Original Nitrozellulose. *[RGS; s. S. 190]*

Seitenansicht der Vorbereitungen, um die *Caird* zu Wasser zu lassen; im Vordergrund die *Stancomb-Wills*. 24. April 1916. Original Nitrozellulose. *[RGS; s. S. 191]*

Die *James Caird* wird am Ostermontag, dem 24. April 1916, zu Wasser gelassen. Die ungewöhnlichste Ozeanfahrt der Geschichte beginnt. *[RGS; s. S. 24, S. 192/193]*

Die *Stancomb-Wills* bringt Shackleton, der hinten sitzt, zur *Caird*. 24. April 1916. Original Nitrozellulose. *[RGS; s. S. 194]*

Nachdem die *Caird* zu Wasser gelassen ist, bekommt sie wegen der oberdecklastigen Position von Vincent und McNish starke Schlagseite. Statt zu kentern, werden die beiden Männer ins Wasser geschleudert und die *Caird* schwimmt erleichtert – direkt auf die Klippen zur Rechten zu. 24. April 1916. Original Nitrozellulose. *[RGS; s. S. 195]*

Die *Stancomb-Wills* nimmt am 24. April 1916 ein »Wasserfass« an Bord und bereitet die Fahrt zur *Caird* vor; Shackleton sitzt im hinteren Teil des Schiffs. Kopie vom Negativ. *[RGS; s. S. 192]*

Die *Stancomb-Wills* (zwischen den Männern sichtbar) wird mit Vorräten beladen. Diese werden zur *James Caird* transportiert, die durch eine lange Fangleine gesichert ist. 24. April 1916. Original Nitrozellulose. *[RGS; s. S. 196]*

Abfahrt der *James Caird* nach South Georgia, 24. April 1916. Als Hurley nach der Rettung in London ankam, bot er die mit der Vest-Pocket-Kamera gemachten Aufnahmen Kodak Ltd an; seine gesamte Ausrüstung war von Kodak gestellt worden. In seiner handschriftlichen Notiz erwähnt er die Abfahrt der *James Caird*. Warum behauptete er bald danach, dieses Bild stelle die Rettung dar? Original Nitrozellulose. *[RGS]*

Die »Hütte« auf Elephant Island vor dem 3. Mai 1916. Hurley benutzte für Buchillustrationen oft Negativkopien dieser Aufnahme – nachdem er einen handgemalten Schornstein hinzugefügt hatte, der auf dieser original Nitrozelluloseaufnahme nicht zu sehen ist. *[RGS; s. S. 200]*

Die fertige »Hütte« auf Elephant Island, bevor der Schornstein gebaut und von A. J. Kerr am 3. Mai 1916 eingesetzt wurde. Bemerkenswerterweise liegt kein Schnee um das Gebäude. Original Nitrozellulose. *[RGS; s. S. 27, S. 207]*

Kombinierter Abzug von Frank Hurley, der auch ein Gemälde von George Marston beinhaltet. Die Abbildung zeigt das Innere des »sty« (Schweinestalls) sowie die beschränkten Lebensbedingungen auf Elephant Island. *[RGS]*

»Sonniger Tag mit herrlichem rosafarbenem Glühen auf den Bergspitzen bei Sonnenuntergang. Machte Gruppenfoto – die bunteste und ungepflegteste Ansammlung, die je auf eine Platte projiziert wurde«, notierte Hurley am 10. Mai 1916 auf Elephant Island in sein Tagebuch. Hintere Reihe: Greenstreet, McIlroy, Marston, Wordie, James, Holness, Hudson, Stephenson, McLeod, Clark, Orde-Lees, Kerr, Macklin. Mittlere Reihe: Green, Wild, How, Cheetham, Hussey, Bakewell. Vordere Reihe: Rickenson. Nicht auf dem Bild: Hurley (der das Foto machte) und Blackborow, der mit erfrorenen Zehen daniederlag. Original Nitrozellulose. *[RGS; s. S. 28, S. 209]*

Eine in der Literatur über die Expedition oft zu findende Komposition: Seehunde, die auf der »Landzunge« von Elephant Island zerlegt werden. *[RGS]*

»Enthäuten von Robben, die auf Elephant Island als Nahrung dienen«, schrieb Hurley in sein *Green Album*, das er irgendwo in Südamerika fortsetzte – und umarbeitete. Original Nitrozellulose. *[RGS; s. S. 27, S. 206]*

Eines von zwei Bildern, die sich nicht unter Hurleys original Nitrozelluloseaufnahmen fanden. Sie zeigen Gentoo-Pinguine, die am Strand von Elephant Island entlangmarschieren. *[RGS; s. S. 204]*

»Angenehm ruhiger, wenn auch trüber Tag. Gehe am Morgen mit Wild los. Wir besuchen eine benachbarte Höhle im Gletscher, die prachtvolle Eiszapfen zierten …«
Hurley, Tagebuch, 5. Juli 1916. Original Nitrozellulose. *[RGS; s. S. 201]*

Gentoo-Pinguine auf der »Landzunge« von Elephant Island. Kopie vom Negativ. *[RGS; s. S. 202]*

Frank Hurley posiert mit einer Vest Pocket Kodak vor der »Snuggery« (gemütlichen Kammer) – das Martyrium ist erst zur Hälfte überstanden. Man beachte die Schneehöhe um den »sty« (Schweinestall). Original Nitrozellulose. *[RGS; s. S. 5, S. 208]*

An schönen Tagen konnten die auf Elephant Island Gestrandeten sich bis zum entgegengesetzten Ende der »Landzunge« vorpirschen, sich fit machen und Robben jagen. Dabei hatten sie eine prachtvolle Aussicht auf »Gnomon Island«. Original Nitrozellulose. *[RGS; s. S. 199]*

Eine Ansicht von Elephant Island, aufgenommen von der »Landzunge« an der Wasserlinie. Original Nitrozellulose. [RGS; s. S. 186]

»Blick aus einer Felsenhöhle über die West Bay, Elephant Island«, steht in schöner Handschrift im prächtig gebundenen Blue Album, das von Raines & Company hergestellt und von Frank Wild am 6. Februar 1917 dem König überreicht wurde. Dieses Foto ist jedoch nicht unter Hurleys original Nitrozelluloseaufnahmen zu finden. [RGS; s. S. 198]

Zuweilen konnten die Männer der »Landzunge« von Elephant Island entkommen und nahe gelegene Teile der Insel erkunden. Hurley, der nie stillsaß, kletterte am 14. August auf den 400 Fuß (122 Meter) hohen Felsen und fing diesen weiten Blick auf die »Hütte« (auf der »Landzunge« kaum zu sehen) und »Gnomon Island« ein. Original Nitrozellulose. [RGS; s. S. 203]

Dieses Foto von Elephant Island, das sich nicht unter Hurleys original Nitrozelluloseaufnahmen befindet, wurde vermutlich von Thomas Orde-Lees oder Reginald James aufgenommen. Kopie vom Negativ. [RGS]

Obwohl dieses Foto von Pinguinen, die auf Elephant Island an Land kommen, wie alle Aufnahmen von der Endurance-Expedition Hurleys Namen trägt, befindet es sich nicht unter seinen original Kodak »Zelluloid«-Negativen, die in europäischen Archiven liegen. [RGS; s. S. 205]

Die auf Elephant Island zurückbleibenden Männer verabschieden Shackleton. Eine weitere original Nitrozelluloseaufnahme, die von Frank Hurley verändert wurde, um die Rettung darzustellen. *[RGS; s. S. 197]*

Hurleys kombinierter Abzug, wie er meist in den Veröffentlichungen über die Expedition zu finden ist, zeigt die – nicht den Tatsachen entsprechenden – Ereignisse vom 30. August 1916. *[RGS; s. S. 210]*

Die *Yelcho* erreicht Elephant Island, 30. August 1916. Eine Aufnahme, die sich deutlich von den sonst in Berichten abgebildeten unterscheidet. Sie zeigt dicken Rauch von einem Leuchtfeuer (links außen) und am Horizont vermutlich ein Schiff. Original Nitrozellulose. *[RGS; s. S. 29, S. 211]*

Rettung, 30. August 1916. Original Nitrozellulose. *[RGS; s. S. 212]*

Eines von drei Fotos von der Rettung auf Elephant Island am 30. August 1916. Dieses Bild befindet sich nicht unter Hurleys original Kodak-Negativen. *[RGS; s. S. 213]*

Die *Yelcho* trifft in Punta Arenas ein. Dieses und andere Negative von der Ankunft der Mannschaft am 3. September 1916 wurden wahrscheinlich von C. Veiga, dem prominentesten Fotografen der Stadt, belichtet. *[RGS]*

Worsley, Pardo und Shackleton in Punta Arenas am 3. September 1916. Foto: C. Veiga. *[RGS; s. S. 214]*

Pardo, Shackleton, Wild und andere, Punta Arenas, 3. September 1916. Vermutlich ist dies keine Aufnahme von Hurley. *[RGS; s. S. 215]*

Die gerettete Gruppe vor dem Royal Hotel, Punta Arenas, 3. September 1916. Von links nach rechts: Hussey (das einzige Mitglied, dem Shackleton erlaubte, sich vor der Ankunft im Hafen zu rasieren), Hurley, Kerr, James, Wordie, Crean, Worsley, Wild, Shackleton, Pardo, Orde-Lees, Marston, [der Mann mit Krawatte: vermutlich John James Gibbons Hardie], How, Holness, Stephenson, Bakewell, Green, McLeod, Greenstreet, Cheetham. *[SPRI; s. S. 215]*

Ein anderes Bild aus dem *Macleay-Album*. Es zeigt offensichtlich die Abfahrt der *Yelcho* von Punta Arenas nach Valparaiso am 15. September 1916. *[SPRI; s. S. 215]*

Die *Yelcho* trifft am 27. September 1916 in Valparaiso, Chile, ein. »Große Begeisterung zeigte sich, als die ›Yelcho‹ zwischen den Kriegsschiffen dampfte«, schrieb Hurley, »gefolgt von unzähligen Barkassen, Skiffs und überhaupt allem, was schwimmen konnte. Sirenen machten uns taub, und eine Musikkapelle aus verschiedenen Bands brachte uns ein Ständchen; das herzlichste Willkommen, mit dem Briten sie überschütten konnten. Am Landungssteg eine gewaltige Menge von vielleicht 15–20000 Menschen. An den Fenstern jede Menge winkender Taschentücher …« Hurley, Tagebuch, 27. September 1916. *[RGS]*

South Georgia

Dieses Walfängerboot ist vermutlich die *Matilda*, die Hurley während seiner Rückkehr nach South Georgia 1917 oft benutzte. »Sie wirkt wie ein kleines Fährschiff aus rostigen Zinnplatten, und ich bin sicher, ihre Seitenwände sind nicht dicker.«
Hurley, Tagebuch, 27. März 1917. *[RGS]*

Der 40 Jahre alte, aus Eichenholz gebaute Schooner *Emma* sollte im dritten Versuch die Gruppe auf Elephant Island retten. Obwohl Frank Worsley kleine Schiff bereits bei jedem Wetter befehligt hatte, fand er die *Emma* sehr schwer zu steuern. *[RGS]*

Sonnenuntergang vor South Georgia, 4. November 1914. *[SPRI]*

Die *Sitka*, ein Walfängerboot unter Kapitän Michelson, lotst die *Endurance* nach King Eward Cove und Grytviken, 5. November 1914. *[SPRI]*

Eine geladene, schussbereite Harpunenkanone. Während der Saison 1914/1915 wurden über 5000 Giganten der Tiefe, die Hälfte davon Blauwale, auf diese Weise getötet.. *[SPRI; s. S. 220]*

Königspinguine und ihre Küken, fotografiert in Gold Harbor, South Georgia, 1914. Kopie vom Negativ. *[RGS; s. S. 223]*

Ein junger Königspinguin, aufgenommen in South Georgia, 1914. *[RGS]*

Larsen Harbor. Vom 17. bis 19. November unternahmen Hurley und andere mit der *Lille Carl* unter Kapitän Johanses eine Fahrt zum Südende von South Georgia. Unter den besuchten Plätzen waren Royal Bay, Gold Bay, Hund Bay und Larsen Harbor, von dem Hurley meinte, dass es mit seiner schönen Lage sogar Milford Sound überträfe. *[SPRI]*

Nest einer Dominikanermöwe. South Georgia, 1914. *[SPRI]*

Gentoo-Pinguine auf South Georgia. *[RGS]*

Grytviken, am 16. November 1904 von Carl Larsen gegründet, vom Deck der im Hafen liegenden *Endurance* aus gesehen. *[SPRI]*

Flensing Plant, South Georgia, 1914. »In unserer letzten Woche hatte die Fabrik eine Panne, aber die Anlieferung von Walen ging weiter, so dass mehr als 50 Kadaver ... darauf warteten, verarbeitet zu werden.« Reginald James, Tagebuch, 1914. *[RGS; s. S. 221]*

Die Flenserei in Grytviken, 1914. Das Gebäude im Hintergrund ist die »Russebrake« (russische Baracke). *[SPRI; s. S. 220]*

Nach Osten gerichtetes Panorama von Grytviken mit der lutherischen Kirche, die ursprünglich in Strømmen, Norwegen, stand. In Einzelteile zerlegt und in Grytviken wieder aufgebaut, wurde sie am Weihnachtstag 1913 geweiht. *[SPRI]*

Die Flenserei in Grytviken, 1914. In der Saison 1914/1915 produzierten die Walfangstationen South Georgias 270 507 Barrel Öl. *[SPRI; s. S. 224]*

Stromness. Das Haus des Managers, in dem Thoralf Sørlle am 20. Mai 1916 Shackleton, Worsley und Crean empfing, ist auf dem Foto rechts zu sehen. *[SPRI; s. S. 225]*

Leith Harbor. »Ungefähr in der zweiten Woche unseres Aufenthalts fuhr das Schiff nach Leith Harbor, wofür es etwa zwei Stunden benötigte. Dort nahmen wir Bauholz, Mehl, Kondensmilch und 40 Kisten Kartoffeln an Bord ...« Reginald James, Tagebuch. *[SPRI]*

Gletscherwand. South Georgia, 1914. *[RGS; s. S. 219]*

Die Herkunft dieses Fotos ist unklar. Bei den Personen könnte es sich um Worsley und Greenstreet auf dem Weg zum Duce Fell handeln. *[RGS; s. S. 218]*

Robbenbabys am Strand der Hund Bay. Beschnittenes Bild einer Ganzplatte. *[SPRI]*

Eisklippen des Hamberg-Gletschers, Moraine Fjord, South Georgia. *[RGS]*

Kopie einer von Hurleys original Glasplatten; die Figur im Vordergrund wurde entfernt. Hurleys Änderung ist in dieser Kopie aus dem *Green Album* deutlich sichtbar. *[SPRI]*

Bei seiner Rückkehr nach South Georgia im Jahr 1917 versuchte Hurley, die Route wieder zu finden, die Shackleton, Worsley und Crean während ihres legendären Marsches quer über die Insel genommen hatten. Gletscher und kompakte Schneefelder vereitelten seine Versuche. *[RGS]*

Nahaufnahme eines Gletschers auf South Georgia, der sich im ruhigen Wasser spiegelt. *[RGS]*

Nordenskjöld-Gletscher, East Cumberland Bay, South Georgia, wurde 1914 unter anderen von Hurley besucht. *[RGS]*

De Beer-Gletscher an der Spitze des Moraine Fjord, South Georgia, November 1914. *[SPRI]*

Kaptauben picken Walabfälle auf, die aus einer Flenserei South Georgias stammen. *[RGS; s. S. 226]*

Ein Panorama der Cumberland Bay mit der Allardye Range links und dem »Sugartop« und Grytviken rechts. *[SPRI; s. S. 62/63]*

Eisklippen des Hamberg-Gletschers, Moraine Fjord, South Georgia, 1914. *[RGS; s. S. 216]*

Moraine Fjord, South Georgia. *[RGS]*

Ein See-Elefantenbulle mit seinem Harem in der Hund Bay, 17. November 1914. *[RGS; s. S. 222]*

Eine Kolonie von See-Elefanten in der Gold Bay, South Georgia, 1914. *[RGS]*

See-Elefantenbullen kämpfen während der Paarungszeit auf South Georgia, 1914. *[SPRI; s. S. 227]*

Zunge des Hamberg-Gletschers, Moraine Fjord, South Georgia. *[RGS]*

Robbenbabys am Strand der Hund Bay, South Georgia, 1914. *[RGS]*

»Hurley & Wordie Fotog: & Geolog: auf dem Hang NO von Cove«, berichtete Frank Worsley am 10. November 1914 kurz nach der Ankunft des Schiffs in Grytviken. *[RGS]*

»Der Strand im Vordergrund und die Bucht waren übersät mit Eisstücken vom [Neumeyer-] Gletscher. Wir entdeckten, dass er sehr aktiv war und ständig Lawinen niedergingen. Das Wasser war so ruhig, dass der Gletscher sich nahezu identisch spiegelte. Ich habe schnell ein Dutzend Platten belichtet …«, schrieb Hurley am 6. April 1917, als er in Little Jason Harbor kampierte. *[SLNSW; s. S. 39]*

Am 27. März 1917 begleitet Hurley Kapitän Mansen von der *Matilda*. Mit ihr fährt er nach Fortuna Bay, wo diese beiden Aufnahmen gemacht wurden. *[RGS]*

Gletscherwand in der New Fortuna Bay, South Georgia. *[SLNSW; s. S. 42]*

Gear Buttress und Hooke-Gletscher, South Georgia. Eine kleine Kopie dieses Abzugs findet sich in der Worsley Collection of Photographs des Scott Polar Research Institute. Auf die Rückseite sind die Worte gekritzelt: »Einige der Berge, über die wir marschierten.« *[RGS; s. S. 228]*

See bei Carlita Bay, West Fjord, Cumberland West Bay, wo Hurley und sein Assistent, Mr. Leask, Anfang April 1917 kampierten. *[SLNSW]*

Dieses Bild wurde wahrscheinlich am 2. April 1917 in Leith Harbor »eingefangen«, wo, nach Hurleys Tagebuch, »… eine große Vielfalt an Moosen, Flechten und Gräsern das Tal wie einen grünen Teppich überzog … Winzige Bäche rauschen von den schneebedeckten Gipfeln herab und plätschern durch einen Saum aus smaragdgrünen Moosen auf ihrem Weg zu den größeren Strömen oder Seen, in denen sich das mit Gras bewachsene Ufer und die Schneegipfel spiegeln. Dies ist Sth. Georgia an einem sonnigen Sommertag!« *[SLNSW]*

Angenommen, Hurleys Titel, »Szene Moraine Fjord«, ist richtig, dann wurde diese Paget-Farbplatte im November 1914 belichtet und hat alle Widrigkeiten im Weddellmeer und später auf Elephant Island überstanden. Hurley war auf seiner Rückkehr nach South Georgia 1917 nicht am Moraine Fjord. *[SLNSW]*

»Schöner, effektvoller Sonnenaufgang, den ich in Farbe einfing«, schrieb Hurley am 19. April 1917 auf einer Wochen dauernden Camping-Expedition zur Bay of Isles auf South Georgia in sein Tagebuch. *[SLNSW; s. S. 30]*

»Landspitze mit abgestorbenem Gras, South Georgia« lautet Hurleys Beschreibung zu dieser Landschaftsaufnahme von 1917. *[SLNSW]*

»Hinter dem Gletscher erhoben sich in majestätischer Erhabenheit die hohen Gipfel der ›Drei Brüder‹. Ab und an aus einem sturmzerfetzten Wolkenmeer auftauchend, ragten ihre Spitzen in einem unzugänglichen Aufstieg bis auf fast 8000 Fuß auf. Es ist der schönste und herrlichste Anblick, den ich je hatte. Als die Sonne unterging, leuchteten Wolken und Schnee im rosafarbenen Alpenglühen, das diese fantastische Verlassenheit wenn möglich noch glorifizierte«, notierte Hurley am 7. April 1917 um 10 Uhr abends. *[RGS]*

Kaptauben picken Walreste in der Nähe einer Flenserei auf South Georgia. *[SPRI]*

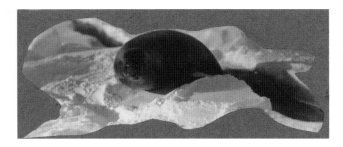

Eine Krabbenfresserrobbe nach dem Sprung aus einer Rinne auf das Eis. 2. Oktober 1915. *[SPRI]*

»… wir erklommen den Kamm des angrenzenden Hügels, von wo aus wir eine herrliche Sicht auf den 2000 Fuß hohen Gletscher hatten. Drei Gletscher bildeten zusammen diesen großen Eisstrom, der von unserem Standort aus wie ein gefurchtes Marmorfeld erschien…« Hurley, Tagebuch, 7. April 1917. *[Oben links und rechts: RGS]*

Ein aus dem Wasser kommender See-Elefantenbulle behauptet seine Autorität und verteidigt seine Familie. *[Oben links und Mitte: SPRI]*

Ein See-Elefantenbulle mit seinem Harem in der Hund Bay, South Georgia, 17. November 1914. *[SPRI]*

Katalog

Kolonie von Königspinguinen, Bay of Isles, South Georgia. *[RGS; s. S. 227]*

South Georgia, 1914. *[RGS]*

Während seiner Rückkehr nach South Georgia im Jahr 1917 wurde Hurley oft von Mr. Leask, dem Zweiten Maat eines Walfängerschiffs, begleitet, der als sein Assistent arbeitete. »Wir wanderten durch einen ursprünglichen Garten aus herrlich farbigen Moosen und Gräsern«, schrieb Hurley am Abend des 6. April. *[RGS]*

Frank Worsley macht eine Pause und bewundert die großartige Aussicht während des Ausflugs auf den Duce Fell nahe Grytviken mit Hurley und Greenstreet. 13. November 1914. *[SPRI]*

Eisklippen des Hamberg-Gletschers, Moraine Fjord, South Georgia, 1914. *[RGS; s. S. 229]*

Eine Komposition vom Rampart-Eisberg. Den einzelnen Pinguin im Vordergrund kann man im *Green Album* des Scott Polar Research Institute sehen – aus einem anderen Bild geschnitten und eingeklebt. *[RGS]*

Nordenskjöld-Gletscher, South Georgia, vom nahe gelegenen Ellerbeck Peak mit Aussicht auf Mount Paget aufgenommen. Hurley war 1914 zweimal am Nordenskjöld-Gletscher. *[RGS]*

Zügelpinguine. *[RGS]*

»Nach dem Lunch bummelten [Mr. Leask und ich] den großen Strand hinunter zum Brutplatz der Königspinguine, der im vollen Sonnenlicht ein grandioses Farbschauspiel bot. Die Vögel fielen wie leuchtendes Metall ins Auge, und die Jungen in ihrem langen, braunen, flaumigen Federkleid ergaben zusammen mit dem braunen Moos und grünen Gras, die den Boden bedeckten, ein solches Feuerwerk an Farben, dass die Szene unglaubwürdig wäre, gäbe es nicht die unfehlbare Farbplatte.«
Hurley, Tagebuch, 17. April 1917, Bay of Isles. *[SLNSW]*

Der Strand und die Gletscherwand der Bay of Isles, 1917. Hurley besuchte den Schauplatz zweimal während seiner Rückreise. *[SLNSW]*

Die zerklüftete Landschaft der Insel South Georgia. *[SPRI]*

Wand des Neumeyer-Gletschers, Cumberland West Bay, South Georgia.
»… welch eine Pracht entfaltete sich, als [Mr. Leask und ich] den Neumeyer-Gletscher erreichten. Die Sonne stand hoch über den Bergen und strahlte auf eine Wand aus blauem Eis, die das Licht mit blendender Helligkeit reflektierte.«
Hurley, Tagebuch, 6. April 1917. *[SLNSW; s. S. 43]*

Der Zweite Maat Leask vor der Säule einer Eiswand, April 1917. *[RGS]*

Wanderalbatros-Küken im Nest. Schnappschuss kurz vor Hurleys Abreise im April 1917 von South Georgia über Buenos Aires nach London – und in den Ersten Weltkrieg nach Frankreich. *[SLNSW]*

Gentoo-Pinguin mit einem einzigen Ei. South Georgia, 1917. *[RGS]*

Dieses Foto – anscheinend 1917 in South Georgia aufgenommen – fügt sich würdig ein in die Sammlung der Royal Geographical Society von Hurleys Bildern. *[RGS]*

Eine von vielen dramatischen Gletscherwänden in South Georgia zerklüfteten Buchten, Meeresarmen und Fjorden. *[SLNSW]*

Hurley mit seiner Filmkamera auf South Georgia, 1917. Das Stativ taucht auf seinen Familienfotos aus den frühen 20er-Jahren des 20. Jahrhunderts auf, erscheint aber nicht auf den Expeditionsaufnahmen. *[SLNSW; s. S. 34]*

Frank Hurleys Biografie

1885: James Francis Hurley am 15. Oktober in Glebe, Sydney, New South Wales, geboren.

1898: Verlässt die Schule. Eine Schwarzfahrt in einem Güterzug endet in der Bergwerkstadt Lithgow, wo er als Gehilfe in einer Eisenhütte arbeitet.

Um 1900: Rückkehr nach Sydney. Verschiedene Jobs, besucht Abendkurse für eine Technikerausbildung.

Um 1902–1903: Beginnendes Interesse am Fotografieren. Kauf der ersten Kamera, einer Kodak Boxkamera.

Um 1904: Anstellung im Telegrafenamt; eignet sich Umgang mit Elektroinstrumenten an.

1905: Erstes veröffentlichtes Foto – die Aufnahme einer sich brechenden Woge – in der Ausgabe der *Australasian Photo-Review* vom 21. Juni.

Um 1907–1908: Für die Produktion von Postkarten Partnerschaft mit Henry Cave.

1910: Die »Power and Speed«-Postkartenserie der Firma wird ein Bestseller. Hurley ist Gründungsmitglied des Ashfield Camera Club. Fotoausstellung bei Kodak in Sydney. Lernt vermutlich in diesem Jahr, eine Filmkamera zu handhaben.

1911: Im Komitee des überstaatlichen Salons der New South Wales Photographic Society. Veröffentlicht inzwischen regelmäßig Artikel über Fotografie. Rezession im Postkartengeschäft; Henry Cave zieht sich aus dem Geschäft zurück, die Firma muss sich verkleinern. Bekanntschaft mit Dr. Douglas Mawson; Hurley wird als Fotograf für die erste australische wissenschaftliche Expedition in die Antarktis engagiert. Am 2. Dezember verlässt das Team an Bord der *Aurora* Hobart Richtung Antarktis.

1913: Rückkehr aus der Antarktis. Premiere des Films *Home of the Blizzard* in Sydney. Mitte November mit der *Aurora* Rückkehr in die Antarktis, um Mawson abzuholen. Verbringt zehn Tage in Adélie-Land, um Flora und Fauna zu fotografieren.

1914: Unternimmt mit dem Filmemacher Francis Birtles eine viermonatige Autoreise in den Norden Australiens im Auftrag der Australasian Films Ltd. Während er unterwegs ist, wird er von Sir Ernest Shackleton als Fotograf der Imperial Trans-Antarctic Expedition eingestellt. Trifft im Oktober mit Shackleton und anderen Mitgliedern in Buenos Aires zusammen; am 26. Oktober Aufbruch mit der *Endurance* nach South Georgia. Nach einem Monat auf South Georgia am 5. Dezember Abfahrt Richtung Weddellmeer.

1915: 19. Januar – die *Endurance* ist im Packeis eingeschlossen. Im November fotografiert Hurley das Ende der *Endurance*, nachdem er Filme und Ausrüstung aus dem Wrack gerettet hat.

1916: 9. April – die Expeditionsmitglieder erreichen mit den Booten in sechs Tagen und Nächten Elephant Island. Shackleton bricht in der *James Caird* auf, um Hilfe zu holen. Er nimmt einige von Hurleys Aufnahmen mit, eine erscheint im Juli im *Daily Mirror*. Am 30. August erreicht die *Yelcho* Elephant Island und rettet die Expeditionsmitglieder. Hurley kommt im November in London an.

1917: Verbringt einen Monat auf South Georgia, um die Tierwelt zu fotografieren. Der Film *In the Grip of the Polar Ice* läuft an und wird ein finanzieller Erfolg. Als offizieller Fotograf der australischen Armee mit dem Rang eines Captains trifft Hurley im August in Flandern ein. Im Dezember wird er nach Palästina geschickt.

1918: Im April Heirat mit Antoinette Thierault-Leighton in Kairo. Organisiert in England die Foto-Sektion der Ausstellung, die den australischen Infanterietruppen gewidmet war. Verlässt im Juli die Armee, kehrt nach Kairo zurück, trifft Antoinette und reist mit ihr nach Australien, wo sie am 11. November ankommen.

1919: Geburt der Zwillingstöchter Antoinette und Adelie. Festigt seine Position als Fotograf und Vortragsredner. Wird mit Polar-Medaille und Ordensband ausgezeichnet.

1920: Begleitet Ross und Keith Smith vom Norden Queenslands nach Sydney, der letzten Etappe ihres 30-tägigen Flugs von England. Das Filmmaterial des Flugs bildet die Grundlage für den Film *The Ross Smith Flight*. Nimmt Auftrag des Anglican Board of Missions an, einen Film über deren Arbeit in Neuguinea zu machen.

1921: Geburt der Tochter Yvonne. Uraufführung des Films *The Heart of New Guinea*. Ausstellung der Papua-Neuguinea-Fotos in der Kodak-Galerie in Sydney.

1922–1923: Uraufführung von *Pearls and Savages*, ein Reisefilm mit ethnografischen Elementen. Reist mit dem befreundeten Fotografen Harry Phillips durch Australien und macht Landschaftsaufnahmen. Organisiert eine zweite Expedition nach Papua-Neuguinea. Gründet dazu die auf Reisefilme spezialisierte Gesellschaft World Picture Exploration. Nach der Expedition Aufführung der aktualisierten Fassung von *Pearls and Savages* sowie des neuen Films *With the Headhunters of Unknown Papua*. 1923 Geburt des vierten Kindes, Frank Junior.

1924: Reise durch Amerika mit Vorträgen und Filmvorführungen. Im New Yorker Verlag G. P. Putnam's Sons erscheinen die Bücher *Pearls and Savages* und *Argonauts of the South*. Reise durch England mit Vorführung des Film *Pearls and Savages*; Hurley verkauft die Filmrechte an eine deutsche Gesellschaft.

1925–1926: Gründung eines unabhängigen Filmstudios. Die Spielfilme *The Jungle Woman* und *Hound of the Deep* laufen 1926 an. Vorträge im Rundfunk.

1927–1928: Verkauf vieler Negative der Neuguinea-Reise an das Australian Museum in Sydney. Arbeit als Bildredakteur für die Sydneyer Zeitung *Sun*. Organisator des Flugs von Sydney nach London, mit dem ein neuer Rekord aufgestellt werden soll; der Versuch endet mit einer Bruchlandung in Athen. Arbeit als Kameramann in einem Filmstudio in England.

1929–1930: Teilnahme an zwei British, Australian and New Zealand Research-Expeditionen (BANZARE) in die Antarktis, die von Sir Douglas Mawson organisiert wurden. Auf beiden reiche Ausbeute an brauchbarem Filmmaterial. 1930 Premiere des Films *Southward Ho!*.

1931: Anstellung bei Cinesound, einem Tochterunternehmen der Greater Union Theatres. Beginn der Dokumentarfilme.

1933: Teilnahme am zweiten australischen Tonfilm: *The Squatter's Daughter*.

1936: Übernahme der Leitung einer neuen Abteilung für Industriefilme, die Filme im Auftrag von Unternehmen und Industriefirmen macht.

1938: Arbeit an dokumentarischen Publikationen, die anlässlich des 150. Jahrestags der Besiedlung Australiens durch Europäer herausgegeben werden. Zu diesem Thema entsteht der Cinesound-Dokumentarfilm *A Nation is Born*.

1939: Kameramann für Außenaufnahmen zu Charles Chauvels Filmepos *Forty Thousand Horsemen*. Nach der Kriegserklärung Australiens im Oktober wird Hurley Reporter für die nationale Rundfunkstation ABC.

1940: Im Rang eines Majors hat er die Aufsicht über die Offizielle Film- und Fotoeinheit im Nahen Osten; Ende des Jahres mit britischen und Commonwealth-Truppen Einsatz in Nordafrika.

1941: Mit der Foto-Einheit Einsatz in Syrien. Auszeichnung OBE (Officer of the British Empire) für die fotografische Arbeit.

1946–1947: Im September 1946 Rückkehr nach Australien. Statt das Nachkriegsgeschäft der Reise-, Dokumentar- oder Spielfilme aufzunehmen, wendet sich Hurley Publikationen von Büchern zu und beginnt wieder mit Rundfunksendungen.

1948: Veröffentlichung von *Shackleton's Argonauts* und *Sydney: A Camera Study*.

1949: Veröffentlichung von *The Holy City: A Camera Study of Jerusalem and Its Surroundings*.

1950–1960: Ausführliche Reisen in Australien. Fotografien für Buchveröffentlichungen und (ab 1953) für Ansichtskarten und Kalender mit Landschaftsmotiven; sie bestimmen für nahezu zwei Jahrzehnte national und international das Bild Australiens. Ein Bestseller jener Jahre ist *Australia: A Camera Study* von 1955.

1962: Am 16. Januar stirbt Frank Hurley in seinem Haus in Sydney.

1966: Veröffentlichung von *Once More on My Adventure*, eine Biografie Frank Hurleys, verfasst von seiner Tochter Antoinette und Frank Legg.

Danksagung und Bibliografie

DANKSAGUNG

Die Autoren danken folgenden Institutionen und Organisationen für die Erlaubnis, die im Text zitierten Quellen zu benutzen: Alexander Turnbull Library/Te Puna Mātauranga o Aotearoa, Wellington, Neuseeland; *Buenos Aires Herald*, Argentinien; Dartmouth College Library, Hanover, USA; Mitchell Library, State Library of New South Wales, Sydney, Australien; Scott Polar Research Institute, University of Cambridge, England. Das Zitat auf Seite 12 wurde aufgenommen mit Erlaubnis der Inhaber der Rechte, die durch Shane Murphy eingeholt wurden.

Unser Dank gilt auch: The Royal Geographical Society, London; The Royal Photographic Society, Bath; The National Museum of Photography Film and Television; The Science Museum, Bradford; State Library of New South Wales; The National Library of Australia, Canberra; University of Bath Library, Bath; Central Reference Library, Bath; British Library, London; der Cooke Optical Company, New Jersey; John Adderley; Douglas Arnold; Alan Davies; David Gray; Barbara Gray; Michael Harvey; Stephen Herbert; Richard Kossow; David und Cathy Liliburn; Barbara Lowry; Hazel Piper; Brett Rogers; Joe McNeilage; Pamela Roberts; Philippa Smith; Lucy Martin; William Mills, Kustos und Bibliothekar; Joanna Wright; Dr. Andrew Tatham, Kustos der Sammlungen. Besonders danken wir Gordon Trewinnard für die Erlaubnis, seine Prestwick Nr. 5 zu fotografieren.

QUELLEN UND BIBLIOGRAFIE

Primärquellen

In unveröffentlichten Tagebüchern, Erinnerungen und anderen Schriften, besonders der Männer, die mit an Bord der *Endurance* waren, befindet sich umfangreiches Material von unschätzbarem Wert über die Imperial Trans-Antarctic Expedition. Es wird in Bibliotheken und Forschungsinstituten verschiedener Länder aufbewahrt. Die von den Autoren dieses Buches ausgewerteten sind im Folgenden aufgelistet.
Abkürzungen:
ATL = Alexander Turnbull Library/Te Puna Mātauranga o Aotearoa
DCL = Dartmouth College Library
ML = Mitchell Library, State Library of New South Wales
SPRI = Scott Polar Research Institute.

Australian Film Institute, Bibliografie: www.cinemedia.net/AFI/biblioz/hurl-bib.html
Bakewell, Mrs., Brief vom 5. März 1972; siehe Seite 68.
Bakewell, William, Antworten auf von James Fisher schriftlich gestellte Fragen (SPRI, MS1456/78).
Blackborow, John, handschriftliche Monografie von Perce Blackborow, *Lecture given to Belt Street School, Pill, Newport and the Y.M.C.A.*, zusammen mit einer Schreibmaschinenabschrift.
British Film Institute: Wiederaufnahme von *South*, 1998.
Deane, Robert, *Australian military photography, WW I-II Frank Hurley to George Silk* (Vortrag, gehalten beim Seminar *Revealing the Holy Land*, National Gallery of Australia, Canberra, 30. April 2000, jetzt in der MS Research Library der Galerie).
Greenstreet, Lionel, Gespräch mit James Fisher (SPRI, MS1456/70).
How, Walter, Gespräch mit James Fisher (SPRI, MS 1456/70).
Hurley, James Francis (Frank), Antworten auf von James Fisher schriftlich gestellte Fragen (SPRI, MS 1456/78).
Ders., *Green Album* (Foto-Album) (SPRI, P66/19).
Ders., Original-Tagebücher und veröffentlichtes, mit Maschine geschriebenes Manuskript (ML, MSS 389/2, 389/3–4, ZML MSS389/5).
James, R. W. (Reginald), Antworten auf von James Fisher schriftlich gestellte Fragen (SPRI, MS 1456/78).
Zeitschriften (SPRI, MS370/1–5).
Mawson, Douglas, Archiv, Mawson Antarctic Collection, Waite Campus, University of Adelaide.
McNish, Harry, Tagebuch (ATL, MS1389).
Mooy, Toni, persönliche Korrespondenz mit Shane Murphy; siehe Seite 97.
Murphy, Shane, *Shackleton's Photographer: Frank Hurley's Diaries 1914–1917* (CD-ROM in: Acrobat READER siehe www.frankhurley.com).
National Film and Sound Archive, *Endurance*, Film 1933. Worsley erzählt einem Jungen die Geschichte der *Endurance*-Expedition.
Orde-Lees, Thomas, Tagebuch (ATL, MS papers 0405v).
Ders., Tagebuch (DCL, MS 185).
Ders., Tagebuch (SPRI, MS 967/3/1–2).
ScreenSound Australia (National Film and Sound Archive) Canberra, Video/Filmbänder von Interviews mit Martha Ansara: www.screensound.gov.au
Wild, Frank, Erinnerungen (ML, MS 2198), mit Erlaubnis von Anne Fright.
Worsley, Frank, Tagebücher (SPRI, MSS 297, 637, 732).

Sekundärquellen:

Ansara, Martha, *A Few Words about Frank Hurley*, Metro, 115, 1998.
Alexander, Caroline, *The Endurance: Shackleton's Legendary Antarctic Expedition*, Bloomsbury, London 1998 und Alfred Knopf, New York 1999.
Armstrong, Jennifer, *Shipwreck at the Bottom of the World*, Crown Publishers, New York 1998.
Arnold, H. J. P., *Photographer to the World: The Biography of Herbert Ponting*, Fairleigh Dickenson University Press, Rutherford 1971.
Australasian Photo-Review, besonders 22. März 1909 und 23. März 1914.
Bickel, Lennard, *In Search of Frank Hurley*, Macmillan, Sydney 1980.
Boddington, Jennie, *Antarctic Photographs 1910–1916, Herbert Ponting and Frank Hurley*, St Martin's Press, New York 1979.
Brune, Peter und McDonald, Neil, *200 Shots: Damien Parer and George Silk and the Australians at War in New Guinea*, Allen & Unwin, Sydney 1998.
Buenos Aires Herald, Argentinien, besonders 1914–1916.
Cato, Jack, *The Story of the Camera in Australia*, Georgian House, Melbourne 1955, Reprint Institute of Australian Photographers/Methuen, 1977.
Cockram, Roy, *The Antarctic Chef: the Story of Charles Green*, Southampton 1999.
Coe, Brian, *Cameras, from Daguerreotypes to Instant Pictures*, Crown Publishing Inc., New York 1978.
Daily Chronicle, London, Mai–August 1914, Mai–August 1916, September–Dezember 1916.
Dunnett, Harding McGregor, *Shackleton's Boat – The Story of the James Caird*, Neville & Harding Ltd, Kent 1996.
Ferguson, Richard G., *The Hurley-Mawson View of Antarctica: A Contemporary View*, Manuskript 1997, Melbourne, Autorenkopie.
Fisher, James und Margery, *Shackleton*, London 1957.
Heacox, Kim, *Shackleton: The Antarctic Challenged*, The National Geographic Society, Washington 1999.
Hurley, Frank, *Argonauts of the South*, G. P. Putnam's Sons, New York 1925.
Ders., *Pearls and Savages*, G. P. Putnam's Sons, New York 1924.
Ders., *Shackleton's Argonauts*, Angus & Robertson, Sydney 1948.
Jolly, Martyn, *Australian First World War Photography: Frank Hurley and Charles Bean*, History of Photography, Bd. 23, Nr. 2, Sommer 1999.
Kay, Philip, *The Far-Famed Blue Mountains of Harry Phillips*, Megalong Books, Second Back Row Press, Leura, New South Wales 1985.
Mawson, Sir Douglas, *The Home of the Blizzard; Being the Account of the Australasian Antarctic Expedition*, Lippincott, Philadelphia 1915.
Millar, David P., *From Snowdrift to Shellfire: Capt. James Francis (Frank) Hurley 1885–1962*, David Ell Press, Sydney 1984.
Mooy (geb. Hurley), Toni, in Zusammenarbeit mit Legg, Frank, *Once More on My Adventure*, Ure Smith, Sydney 1966.
Newton, Gael, *Going to Extremes: George Silk Photojournalist* (Ausstellungskatalog), National Gallery of Australia, Canberra 2000.
Ders., *Silver and Grey: Australian Photography 1900–1950*, Angus and Robertson, Sydney 1980.
Ders., *Shades of Light: Photography and Australia 1839–1988*, National Gallery of Australia, Collins Australia, Sydney 1988.
O'Keefe, Daniel, *Hurley at War: The Photography and Diaries of Frank Hurley in Two World Wars*, Fairfax Library, Sydney 1986.
Ponting, Herbert G., *The Great White South*, Duckworth, London 1921.
Shackleton, Sir Ernest, *South: a Memoir of the Endurance Voyage*, Macmillan, New York 1920.
Smith, Michael, *An Unsung Hero: Tom Crean – Antarctic Survivor*, The Collin Press, Cork 2000.
Specht, James und Fields, John, *Frank Hurley in Papua: Photographs of the 1920–23 Expeditions*, Robert Brown and Australian Museum Trust, Sydney 1984.
Spufford, Francis, *I May Be Some Time*, Faber & Faber, London 1996.
Sydney Morning Herald, Australien, besonders 6. März 1914.
The Lone Hand, Australien, besonders 2. Januar 1911 und 2. November 1914.
Thomas, Julian, *The Best Country in the World*, in: *Showman: The Photography of Frank Hurley*, National Library of Australia, Canberra 1990.
Thompson, John, *Hurley's Australia, Myth, Dream, Reality*, National Library of Australia, Canberra 1999.
Ders., *Shackleton's Captain: A Biography of Frank Worsley*, Moasic Press, New York 1999.
Worsley, Frank, *Endurance: An Epic of Polar Adventure*, Jonathan Cape, London and Harrison Smith, New York 1931.
Ders., *Shackleton's Boat Journey*, W. W. Norton & Co, New York 1977.

Bildnachweis

Die meisten Fotografien in diesem Buch stammen von der Royal Geographical Society, dem Scott Polar Research Institute und der State Library of New South Wales. Diese sind im »Katalog« zu sehen; am Ende jeder Bildlegende folgt der jeweilige Bildnachweis.

Darüber hinaus finden sich in diesem Buch folgende Abbildungen:

Seite 11 Reproduzierte Karte der *Endurance*-Expedition. Mit freundlicher Genehmigung der Royal Geographical Society.

Seite 26 Seiten aus Frank Hurleys Antarktis-Tagebuch. Mit freundlicher Genehmigung der Image Library, State Library of New South Wales.

Seite 35 Harbour Bridge in Sydney, vom Circular Quay aus gesehen, um 1940, Frank Hurley 1885–1962. Frank Hurley Collection, National Library of Australia, Canberra. © National Library of Australia.

Seite 36 »Power and Speed«, um 1910, Frank Hurley 1885–1962. Abbildung aus *The Lone Hand*, 2. Januar 1911.

Seite 37 Postamt von Sydney bei Nacht, von der Barrack Street aus gesehen, um 1908, Frank Hurley 1885–1962. Postkarte von Cave und Hurley. Privatsammlung.

Seite 38 Sich brechende Woge, Sydney, 1905–1910, Frank Hurley 1885–1962. National Gallery of Australia, Canberra, Kodak (Australasia) Pty Ltd Fund, 1992.

Seite 40 Königspinguine am Nugget's Beach, Macquarie Island, 1911, Frank Hurley 1885–1962. National Gallery of Australia, Canberra, Kodak (Australasia) Pty Ltd Fund, 1992.

Seite 41 Im Schneesturm, Winterquartier, Hauptlager, Cape Denison, Adélie-Land, 1912, Frank Hurley 1885–1962. National Gallery of Australia, Canberra, Kodak (Australasia) Pty Ltd Fund, 1992.

Seite 45 Spielgefährten – Aboriginekind und junger Hund, im Norden Queenslands, 1914, Frank Hurley 1885–1962. National Gallery of Australia, Canberra, Kodak (Australasia) Pty Ltd Fund, 1992.

Seite 47 Ein australischer Reiter der Leichten Kavallerie pflückt Anemonen, Belah, Palästina, 1917, Frank Hurley 1885–1962. Australian War Memorial, Canberra. © Australian War Memorial.

Seite 49 Der Morgen nach der ersten Schlacht bei Passchendaele, Flandern, 9. Oktober 1917, Frank Hurley 1885–1962. Frank Hurley Collection, National Library of Australia, Canberra. © National Library of Australia.

Seite 51 Antoinette Thierault-Leighton mit Captain Frank Hurley zur Zeit ihrer Hochzeit, Kairo, April 1918. Unbekannter Fotograf. Kopie der Fotografie mit freundlicher Genehmigung der National Library of Australia, aus *Once More on My Adventure*, Frank Legg und Toni Mooy (geb. Hurley), 1966. Siehe auch Seite 32.

Seite 52 Der Autor nimmt ein Konzert in Aramia auf, Papua-Neuguinea, 1921, Frank Hurley 1885–1962. Frank Hurley Collection, National Library of Australia, Canberra. © National Library of Australia.

Seite 55 Treue Freunde in allen Fährnissen, BANZARE-Expedition 1929–1930, Frank Hurley 1885–1962. Frank Hurley Collection, National Library of Australia, Canberra. © National Library of Australia.

Seite 57 Damien Parer, Frank Hurley, Maslyn Williams und George Silk, Naher Osten, um 1941, Frank Hurley 1885–1962. National Library of Australia, Canberra. © National Library of Australia.

Seite 60 *Australia: A Camera Study* von Frank Hurley, erste Ausgabe, Angus and Robertson, Sydney 1955.

Seite 233 Prestwich cinematographic 35-mm-Filmkamera. Mit freundlicher Genehmigung des Scott Polar Research Institute.

Seite 235 Prestwich Nr. 5 cinematographic 35-mm-Filmkamera mit Handkurbel. Stephen Herbert Collection.

Seite 236 Serien lichtstarker 3a-Objektive. Kinematografie. Porträts. Mit freundlicher Genehmigung der Cooke Optical Company Archives, New Jersey, USA.

Seite 238 Kodak FPK Nr. 3a Kamera. Mit freundlicher Genehmigung von Michael Gray. Siehe auch Seite 6.

Seite 239 Harbour Bridge in Sydney, um 1940, Frank Hurley 1885–1962. Frank Hurley Collection, National Library of Australia, Canberra. © National Library of Australia. Siehe auch Seite 230.

Die unten abgebildeten Padget-Farbplatten befinden sich auch auf den Seiten 245, 256 und 275.